그림으로
읽는 🔍

잠 못들 정도로 재미있는 이야기

KB091015

스트레스

유키 유 감수 | 이명훈, 황미니 감역 | 김선숙 옮김

BM (주)도서출판 성안당

이 책을 손에 들고 있는 당신은 분명 많은 스트레스를 받고 있을 것이다. 몸도 마음도 지치지 않았을까 싶다.

스트레스의 원인은 직장이나 학교, 가정 등 일상의 여기저기에 잠재돼 있다. 게다가 요즘 신종코로나바이러스 감염증이라는 처음 겪는 사태에 온 세상 사람들이 스트레스를 받고 있다. 실제로 답답함을 호소하며 나의 병원을 찾는 환자가 늘었다.

우리 주변에는 이 스트레스라는 말을 아무 생각 없이 하는 사람이 많지만 정작 스트레스가 대체 무엇인지 제대로 설명할 수 있는 사람은 많지 않다.

이 책에서는 스트레스의 정체와 그 특성, 몸과 마음에 미치는 영향은 물론 스트레스를 쌓아 두지 않는 요령부터 능숙하게 컨트롤하는 방법까지 이해하기 쉽게 소개한다. 부디 이 책을 통해 스트레스에 대해 깊이 알아 두기 바란다.

내가 이 책을 통해 알리고 싶은 것은 스트레스라고 해서 모두 나쁜 것은 아니라는 사실이다.

스트레스는 발산하고 싶고 피하고 싶은 것일 뿐, 받고 싶거나 쌓아 두고 싶은 사람은 없을 것이다. 흔히 '스트레스는 몸에 해롭다'라고 생각한다. 하지만 '좋은 스트레스'와 '나쁜 스트레스'를 구분할 줄 알게 되면 스트레스에 대한 생각이 180도 바뀔 것이다.

스트레스가 없는 환경에서 산다는 것은 불가능에 가깝다. 하지만 비록 심한 스트레스를 받았다 하더라도 스트레스를 성장의 기회로 생각하면 인생이 바뀔 수 있다.

이 책을 읽고 당신이 스트레스와 잘 어울려 산다면 저자로서 더없는 기쁨이 될 것이다.

정신과 의사
유키 유

차례
적으로 정도로 재미있는 이야기
스트레스

C
O
N
T
E
N
T
S

4

제4장

남녀가 느끼는 스트레스가 다르다 67

제5장

스트레스에 휘둘리지 않는 생활 습관 83

제 **1** 장

'좋은 스트레스'와 '나쁜 스트레스'를 구별하는 방법

01 스트레스란 무엇인가?

일상생활 속에서 받은 자극에 대한 심신의 왜곡

우리는 평소 아무렇지 않게 '스트레스'라는 말을 하는데, 대체 스트레스란 뭘까? 스트레스는 본래 '압력에 따른 물체의 왜곡'을 의미하는 공학 용어이다. 이를 인간의 마음에도 응용해 일상생활 속에서 일어나는 일로부터 받는 자극 = 압력을 '스트레서(Stresser)'라 하고, 스트레서(스트레스 요인)에 대한 마음이나 몸의 반응 = 왜곡을 '스트레스 반응', 그 일련의 메커니즘을 '스트레스'라고 한다.

스트레스 요인에는 주로 다음과 같은 것들이 있다. 소중한 사람과의 이별이나 실직, 인간관계에서 오는 갈등이나 직장 환경의 변화 등 일상생활을 하면서 받는 자극이다. 이를 '생활 환경 스트레스 요인'이라고 한다. 큰 재해나 사고, 사건 등 자신의 생명이 위협받는 위기 상황이나 가족의 죽음과 같은 매우 충격적인 경험에 따른 자극을 '외상성 스트레스 요인', 어려운 상황에 대응하려고 하다가 생기는 고민이나 나쁜 일이 일어날지도 모른다는 부정적인 예측 등을 '심리적 스트레스 요인'이라고 한다.

이런 스트레스와 마주하면 우리는 우선 그것이 스스로 대처할 수 있는 사건인지, 아닌지를 판단한다(인지적 평가). 그리고 자신의 대처 능력을 뛰어넘는 위협이라고 느꼈을 때 심신의 왜곡 = 스트레스 반응을 일으킨다. 스트레스 반응은 불안이나 긴장, 기분의 침체, 두근거림, 두통, 복통, 분노 폭발, 거식 등의 형태로 나타난다.

스트레스가 생기는 메커니즘

스트레서(스트레스 요인)

스트레서(Stresser)란, 스트레스 요인, 즉 일상생활 속에서 받는 다양한 자극을 말한다.

예

생활 환경 스트레스 요인

생활 환경으로부터 받는 자극. 소중한 사람과의 이별, 물건의 상실, 가족이나 직장, 친구와의 인간관계 악화, 환경의 변화 등

외상성 스트레스 요인

자연재해, 전쟁이나 테러 등 사회적 불안, 사건·사고 등 생명이나 존재에 영향을 미칠 만큼 강한 충격적인 사건

심리적 스트레스 요인

경험하지 못한 사건이라도 '나쁜 일이 일어날지도 모른다', '나쁜 일이 일어나면 어떻게 하지?'라고 부정적으로 예측하는 것 등

인지적 평가/대처 능력

인지적 평가란, 스트레스를 주는 요인이 어느 정도의 위협인지 인지(판단)하는 마음의 작용을 말한다. '자신이 대처할 수 없는 위협'이라고 느끼면 스트레스 반응이라고 불리는 증상이나 행동이 생긴다.

인지적 평가가 바뀌면 스트레스에 대한 반응이 달라진다.

스트레스 반응

장시간 스트레스의 자극을 받거나 강한 스트레스를 받았을 때 생기는 생체 반응을 말하며 심리적·행동적·신체적 반응으로 나타난다.

예

심리적 반응

불안, 초조, 공포, 긴장, 분노, 외로움, 무기력함 등과 같은 감정. 집중 곤란, 사고력 저하, 단기 기억 상실, 판단력·결정력 저하 등의 장애

행동적 반응

분노 폭발, 싸움과 같은 공격적인 행동. 우울함, 대인 기피증, 거식·과식, 스트레스 회피 행동 등

신체적 반응

두근거림, 비정상적인 발열, 두통, 복통, 피로감, 식욕 감퇴, 구토, 설사, 수면 장애 등 전신에 걸친 증상

참조: 문부과학성 'CLARINET에 오신 것을 환영합니다'

02 스트레스에 강한 사람과 약한 사람의 결정적인 차이

스트레스 내성은 유전, 성격, 환경으로 결정된다

스트레스 반응은 스트레스의 위험으로부터 자신을 보호하기 위해 일어나는 자연스러운 생체 반응이다. 하지만 대재해처럼 많은 사람이 같은 스트레스에 직면한다 하더라도 모든 사람에게 동일한 스트레스 반응이 나타나는 것은 아니다. 사람마다 제각각 다른 반응을 보일 수 있다. 격한 반응을 보이는 사람이 있는가 하면 담담한 반응을 보이는 사람도 있다. 반응이 격한 사람일수록 스트레스에 약하고 담담한 사람일수록 스트레스에 강한 사람이라고 할 수 있다.

스트레스에 약한 사람과 강한 사람의 차이를 만드는 것은 대체 뭘까? 우선 앞에서 언급한 것처럼 스트레스에 대한 인지적 평가에 차이가 있다. 사건을 위협적이라 생각하는 사람은 스트레스에 약하고, 이와 반대로 자신이 성장할 수 있는 기회로 생각하는 사람은 스트레스에 강하다고 할 수 있다.

유전이나 성격, 환경의 영향도 있다. 가족이 우울증을 겪고 있는 사람은 유전적으로 스트레스에 약한 경향이 있다. 성격적인 측면에서 볼 때 성실한 사람, 완벽주의적인 사람, 문제를 혼자서 떠안는 사람은 스트레스에 약할 수 있다. 상담할 만한 상대가 적은 환경에 있는 사람은 다른 사람의 의견이나 반응을 얻기 어려우므로 객관적이지 못할 뿐 아니라 궁지에 몰리기 쉽다고 할 수 있다.

또한 재량권을 갖고 일하느냐, 그렇지 않느냐에 따라 스트레스를 받는 정도가 크게 다르다.

스트레스에 강한 사람, 약한 사람

강한 사람

─ 특징 ─

- 일어난 일을 기회로 받아들인다.
- 지나치게 완벽을 추구하지 않는다.
- 자신의 의견을 밝힌다.
- 마음껏 자신의 재량을 펼치고 있다.

약한 사람

─ 특징 ─

- 일어난 일을 위협으로 받아들인다.
- 성실한데다 완벽주의자다.
- 자존심이 강하다.
- 자기 주장을 잘하지 못한다.
- 주어진 일을 어쩔 수 없이 하고 있다.

03 스트레스가 꼭 나쁜 것만은 아니다!

스트레스가 병을 일으키지는 않는다

스트레스는 사람에게 아주 좋지 않은 것처럼 여겨지고 있다. 사실 사람마다 다르다고는 하지만, 스트레스는 다양한 부조화나 이상 증세를 불러일으킬 수 있다. 스트레스를 '나쁜 것', '제거해야 할 것'으로 취급하는 것도 바로 이 때문이다. 하지만 스트레스가 인간의 심신에 나쁘다는 말은 사실 잘못된 것이다. 사람에게 오히려 좋게 작용할 수도 있기 때문이다.

그러면 왜 우리는 스트레스를 나쁜 것이라고 생각하게 되었을까? 그 이유는 생리학자 한스 셀리에(Hans Selye)의 실험을 통해 알 수 있다. 한스 셀리에는 생쥐를 더위, 추위, 소음 등이 심한 환경에서 과도한 운동을 시키는 실험을 했다. 강한 고통을 받은 생쥐는 병에 걸려 죽고 말았다. 한스 셀리에는 이 결과를 인간에게도 적용했다.

몸의 크기가 다른 인간과 생쥐는 스트레스로부터 받는 자극의 강도도 다를 것이다. 그런데 한스 셀리에는 "인간도 스트레스에 노출되면 생쥐처럼 병에 걸릴 수 있다"라고 발표했다. 그 후 스트레스에 대한 연구를 거듭한 결과, 사람에게 미치는 영향이 좀 더 자세히 밝혀지자 "스트레스가 사람에게 반드시 나쁜 것만은 아니다"라고 정정했다. 하지만 당초의 오해는 풀리지 않았고 '스트레스 = 나쁜 것'이라는 인식이 아직도 뿌리 깊게 자리잡고 있다.

'스트레스＝나쁜 것'이라고 생각하게 만든 생쥐 실험

극도의 더위

극도의 추위

소음

쉴 새 없는 운동

척수 절단

캐나다의 내분비학자 한스 셀리에가 생쥐를 혹독한 환경에서
과도하게 운동시키는 실험을 했다.

모든 생쥐가 병에 걸려 죽고 말았다.

한스 셀리에는 고통을 주는 행위를 '스트레스'라고 부르는 한편,
'인간에게도 스트레스는 나쁘다'라고 발표했다.

하지만 마지막에는 이 내용을 정정했다.

인간이 받는 스트레스가 반드시
나쁜 것만은 아니다.
잘 이용하면 도움이 될 수도 있다.

스트레스가 꼭 나쁜 것만은 아니다!

04 스트레스를 대하는 자세에 따라 위험도가 달라진다

스트레스는 나쁜 것이라는 편견을 가진 사람은 건강을 해칠 우려가 크다

1998년 미국 스탠퍼드 대학에서는 스트레스가 나쁜 것만은 아니라는 사실을 뒷받침하는 조사 결과를 발표했다. 스트레스와 사망 위험과의 관계를 조사한 결과, '강력한 스트레스가 있다'라고 대답한 사람의 사망 위험률은 43%나 높은 것으로 나타났다. 흥미롭게도 '강력한 스트레스가 있다'라고 답하면서 '스트레스는 몸에 꼭 나쁜 것만은 아니다'라고 대답한 사람의 사망 위험도는 낮은 것으로 나타났다. 미국의 심리학자 앨리아 크럼(Alia Crum)도 '스트레스는 좋은 것'이라고 생각하는 사람은 그렇지 않은 사람에 비해 삶의 만족도가 높은 경향이 있다고 보고했다. 2014년 하버드 공중위생대학원의 연구에서도 기업의 CEO나 부사장 등 사회적으로 성공한 사람의 51%가 '스트레스는 좋은 것'이라고 생각하는 것으로 밝혀졌다.

이러한 조사 결과는 스트레스를 어떻게 생각하느냐에 따라 그 사람이 스트레스로부터 받는 영향도 달라진다는 것을 보여 준다. 부정적으로 생각하는 사람은 스트레스의 악영향을 받기 쉽고 병이나 사망 위험률이 높은 반면, 긍정적으로 생각하는 사람은 스트레스의 나쁜 영향을 받지 않고 마음이나 신체의 질병에도 강하다는 것이다. 나쁜 것은 스트레스 그 자체가 아니다. 스트레스는 나쁜 것이라는 생각이 바로 우리의 건강에 악영향을 미친다.

스트레스를 어떻게 생각하는지 알아보는 테스트

1 스트레스는 건강에…
- A 나쁘게 작용한다.
- B 좋게 작용한다.

2 스트레스를 받으면…
- A 공부나 일의 능률이 떨어진다.
- B 공부나 일의 능률이 오른다.

3 스트레스를 받으면 성장하는 데…
- A 나쁘다.
- B 오히려 좋은 효과가 있다.

4 스트레스는…
- A 가능한 한 피해야 한다.
- B 좋은 방향으로 이용해야 한다.

**A가 많을수록 스트레스를 나쁜 것이라 생각하고
B가 많을수록 스트레스를 좋은 것이라 생각한다.**

생각에 따라 사망 위험이 달라진다

강도 높은
스트레스를 받는 사람

스트레스가 몸에
나쁘지 않다고 생각하는 사람

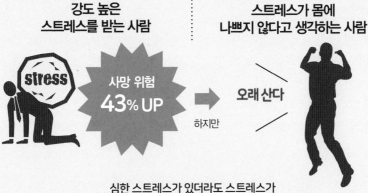

stress

사망 위험
43% UP

하지만

오래 산다

심한 스트레스가 있더라도 스트레스가
몸에 나쁘지 않다고 생각하는 사람은 사망 위험이 낮다!

스트레스를 대하는 자세에 따라 위험도가 달라진다

05 스트레스를 삶의 에너지로 만드는 기술

긴장이나 불안을 부정하지 않아야 좋은 결과로 이어진다

승패를 좌우하는 중요한 국면에도 침착하게 임해 기회를 얻는 일류 선수들…. 좋은 결과를 얻어야 한다는 부담감이 큰 그들은 스트레스와 어떻게 마주하는 걸까?

뉴올리언스 대학에서는 초보 다이버와 베테랑 다이버를 대상으로 스카이다이빙을 할 때의 심박수를 조사했다. 초보 다이버의 심박수가 더 높게 나올 것이라는 예상과 달리, 실제로는 베테랑 다이버의 심박수가 더 높게 나타났다. 베테랑 다이버는 긴장할 뿐만 아니라 흥분이나 기쁨의 감정도 컸다.

하버드경영대학원 앨리슨 우드 브룩스 교수는 스피치 참가자를 두 그룹으로 나눈 후 한 그룹에는 '나는 긴장하지 않는다', '침착하다'라고 생각하게 했고, 또 다른 그룹에는 '긴장하고 있긴 하지만 설렌다'라고 생각하도록 지도했다. 그러자 전자보다 후자 그룹이 더 자신 있게 설득력 있는 스피치를 할 수 있었다. 이 밖에 '불안이나 긴장은 실패가 아니라 성공으로 연결된다'라고 생각하기만 해도 시험 성적이 올랐다라는 체스터 대학의 연구 보고도 있다.

프로 선수가 중요한 상황에서 좋은 결과를 낼 수 있는 것은 긴장하고 있는 자신을 인정하고 긴장의 끈을 늦추지 않았기 때문이다. 이는 스트레스를 두려워하지 않고 즐기는 것이 무엇보다 중요하다는 것을 말해준다.

프로와 초보자가 실전에 임하는 태도의 차이

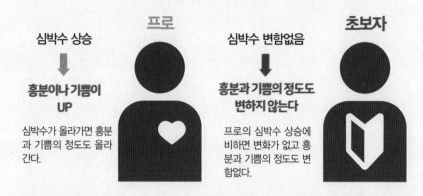

프로

심박수 상승

흥분이나 기쁨이
UP

심박수가 올라가면 흥분
과 기쁨의 정도도 올라
간다.

초보자

심박수 변함없음

흥분과 기쁨의 정도도
변하지 않는다

프로의 심박수 상승에
비하면 변화가 없고 흥
분과 기쁨의 정도도 변
함없다.

긴장되는 상황에서는 이렇게 말한다

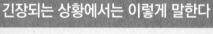

도망치면 안 된다.　진정해!

흥분된다.　설렌다.

바꿔 말하면

긴장될 때는 그 기분을 부정하는 것이 아
니라 '긴장하고 있다'라는 사실을 받아들
이는 것이 중요하다.

'긴장하고 있다'라는 말을 '흥분하고 있
다', '설렌다', '두근두근하다'라고 바꿔 말
하면 기분이 좋아진다.

06 건강과 삶을 위협하는 스트레스에 어떻게 대처해야 할까?

실질적인 타격이 수반되는 스트레스는 아무런 도움이 되지 않는다

스트레스를 내 편으로 만들려면 '스트레스는 좋은 것'이라고 생각하는 것이 중요하다. 하지만 주변에서 일어나는 모든 어려움이 좋은 스트레스가 될 수는 없다. 스트레스와 실질적인 타격은 전혀 별개이기 때문이다. **스트레스는 받아들이더라도 실질적인 타격으로부터는 몸을 지켜야 한다.**

육체적, 경제적, 사회적으로 피해를 입는 것은 모두 실질적인 타격이다. 불합리한 근무 조건에서 노동을 하게 만드는 블랙 기업을 예로 들어 보자. 야근이나 휴일 출근이 계속돼 휴식을 제대로 취하지 못하면 병이라는 육체적 타격을 입게 된다. 최소한의 삶도 감당하기 힘든 저임금은 경제적 타격으로 이어지고, 이로 인해 월세 지불이나 대출 상환이 막히면 사회적 타격으로 이어진다. 이러한 피해는 아무리 긍정적으로 받아들여도 삶에 도움이 되기는 어렵다. 스트레스로 인한 타격을 피해 손해를 최소화하는 수밖에 없다.

한편, 마음에 입은 타격은 그 경험이 살아가는 데 도움이 된다고 긍정적으로 생각하면 **나쁜 스트레스도 좋은 스트레스로 바뀔 수 있다.** 블랙 기업으로부터는 한시라도 빨리 벗어나야겠지만, 이곳에서 받은 스트레스는 새로운 길을 개척하는 원동력이 될 수 있다.

스트레스를 느낄 때는 우선 실질적인 타격이 수반되는지를 제대로 판별해야 한다. 그리고 실질적인 타격이 수반되지 않는 스트레스라면 적극적으로 받아들여 마음의 에너지로 유용하게 써 보자.

실질적인 타격이 수반되는 스트레스는 좋지 않다

스트레스	마음의 타격
실질적인 타격	육체적·경제적·사회적 타격

> 스트레스와 실질적인 타격은 별개이다.
> 실질적인 타격이 최소가 되도록 행동해야 한다.

 예 블랙 기업

실질적인 타격

육체적 타격

노동 조건이 너무 힘들다.

경제적 타격

스트레스

마음의 타격

스트레스가 장기적으로 지속될 때는 요주의

stress

불면
식욕 부진

건강과 삶을 위협하는 스트레스에 어떻게 대처해야 할까?

07 고통을 노력으로 이겨내기는 어렵다

노력하면 오히려 고통이 더 심해진다

스트레스를 긍정적으로 받아들이는 것도 중요하지만, 고통을 이겨내려고 노력할수록 싫었던 일이 점점 더 싫어질 수 있다. 이를 심리학에서는 '생리적 각성에 따른 우세 반응의 강화'라고 한다. 아침에 일어나 '직장에 나가고 싶지 않다'라고 생각하면서 자신의 뺨을 탁탁 치며 '힘내자!'라고 다짐한다고 가정해 보자(생리적 각성). 그러면 '힘내자!'라는 마음과 달리 '직장에 나가고 싶지 않다'라는 마음이 보다 강하게 반응해버린다(우세 반응의 강화). 이런 심리적 경향은 월요일에 특히 두드러진다. 자살하는 사람도 월요일에 많고 정신건강의학과를 찾는 초진 환자도 월요일에 많다. 휴일이 끝난 월요일은 아무래도 직장이나 학교에 가기가 귀찮아지는 법이다. 그래서 성실한 사람일수록 마음속으로 다짐하며 열심히 하려고 하지만, 오히려 스트레스가 심해져 마음의 균형을 잃게 된다.

힘들어도 '다짐이 부족하다', '마음먹기 나름이다'라고 생각해서는 안 된다. 이럴 때일수록 '일단 집을 나서 보자', '일단 회사 근처까지 가 보자'식으로 자신에게 부과하는 과제의 수준을 낮춰 보자. 한 단계씩 해결해야 마음이 편하고 자신감도 생길 것이다.

스트레스를 노력으로 이겨내기는 어렵다

빨래를 해야 하는데….

근데
귀찮다.

'하기 싫다'라는 마음이 우세
노력하면 귀찮은 마음이 강해진다.

캠핑을 가고 싶다.

하지만
해야 할 일이 있다.

'가고 싶다'는 마음이 우세
노력하면 '가고 싶다'는 마음이 강해진다.

/ **노력할수록 강한 쪽의 마음이 강해진다!** \

키워드는 '일단'

일하러
가고 싶지 않아.

일단 전철을 타 보자.

이외에도

학교 가기 싫을 때는
　　일단 나서 본다.

일하기 싫을 때는
　　일단 컴퓨터를 켜고 본다.

공부하기 싫을 때는
　　일단 책을 펴고 본다.

/ **우선 할 수 있는 일부터 시작해 보자!** \

08 스트레스를 받으면 몸에 긍정적인 반응이 일어나기도 한다

도전 반응과 배려 반응

스트레스가 우리 몸에 나쁜 영향만 미치는 것은 아니다. 인간이 스트레스를 받을 때 보이는 반응이 이를 증명한다.

1915년 하버드 대학의 생리학자 월터 캐논(Walter Cannon)은 "고양이에게 스트레스를 주면 싸우거나 도망치는 반응을 보인다"라고 발표했다. 이후 '인간도 고양이와 마찬가지로 스트레스가 쌓이면 투쟁·도피 반응(fight-or-flight response)을 보인다'라고 생각했다. 그런데 실제로는 그것과는 전혀 다른 두 가지 반응을 보였다.

첫째, 도전 반응이다. 사람들은 스트레스를 받으면 그것을 발판으로 도전하려는 마음이 생겨난다. 미국의 데이비스 박사는 강한 스트레스를 받았을 때야말로 큰 반동 효과(리바운드 효과)를 얻을 수 있다고 주장한다.

둘째, '배려 반응'이다. 좋아하는 사람과 사랑을 속삭일 때나 엄마가 아기에게 수유를 할 때 '옥시토신'이라는 호르몬이 분비된다. 일명 '행복 호르몬'이라고도 하는 옥시토신은 '다른 사람과 교류하고 싶다'라는 기분을 높이는 작용을 한다. 이 호르몬이 스트레스를 받을 때도 분비돼 사람과 사람을 이어 주는 원동력이 된다.

이와 같이 스트레스에 긍정적으로 반응하는 것은 인간 특유의 반응이다. 그러므로 우리는 스트레스를 적극적으로 받아도 될 것이다.

투쟁-도피 반응은 인간에게 해당하지 않는다

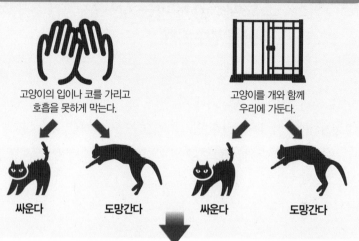

고양이의 입이나 코를 가리고
호흡을 못하게 막는다.

고양이를 개와 함께
우리에 가둔다.

싸운다

도망간다

싸운다

도망간다

인간에게는 해당하지 않는다

갑자기 숨이 멎을 것 같거나 우리에 갇힌 것 같은 스트레스를 인간이 일상생활에서 느끼는 스트레스와 똑같은 수준으로 보기는 어렵다. 그러므로 이 실험 결과를 인간에게 적용할 수는 없다.

인간의 스트레스 반응은 2가지

인간은 스트레스를 받으면 '도전'과 '배려'라는 두 가지 반응을
보이는 것으로 알려져 있다.

1 도전 반응

스트레스를 받아들이면 오히려
도전할 마음이 솟구친다.

2 배려 반응

스트레스를 받으면 '다른 사람과
교류하고 싶다'는 생각을 한다.

스트레스를 받으면 몸에 긍정적인 반응이 일어나기도 한다

스트레스를 대하는 자세는 성장 환경의 영향을 받는다?

스트레스에 강하고 약하고는 성장 환경과도 밀접한 관련이 있다. 주위에서 '가치 있는 사람'으로 인정받아 온 사람은 다소 괴로운 상황에 처하더라도 자신의 가치를 믿고 있으므로 스트레스에 쉽게 흔들리지 않는다. 이와 반대로 '이렇게 해야 한다'라는 식으로 강요받아 온 사람은 자신의 가치를 인정하지 못하기 때문에 사소한 일에도 자신감을 잃기 쉽다.

자신의 가치를 인정하는 사람으로 키우려면 '칭찬'이 중요하다. 그렇다고 해서 어떤 일이라도 칭찬하면 되는 것은 아니다. 예를 들면 '너는 머리가 좋구나' 하는 식으로 그 사람의 '재능'이나 '타고난 부분'만 칭찬하는 것은 좋지 않다. '머리 좋은 자신'에서 가치를 찾게 되기 때문에 조금이라도 성적이 떨어지면 바로 자신감을 잃고 자신을 부정하는 사람이 되고 만다. 칭찬할 때는 그 사람의 '노력'이나 '행동'을 칭찬해야 한다. 이렇게 하면 '자신이 해 온 것' 중에서 가치를 찾아 낼 수 있기 때문에 비록 실패한다 하더라도 '다음에는 이렇게 해 보자'라는 식으로 자신감을 가지고 노력하는 사람이 된다.

제 2 장

이유 없이 몸 상태가 좋지 않은 건
스트레스 때문이다?

09 출근길에 뱃속이 꾸르륵거리는 원인

스트레스로 인한 과민대장증후군

　　출근길이나 중요한 회의를 앞두고 갑자기 복통이 생겨 난처했던 적은 없는가? 소장이나 대장에 특별한 이상이 있지 않은데도 이러한 증상이 장기간에 걸쳐 나타나면 원인이 정신에 있을지도 모른다.

　신체적·정신적 스트레스나 긴장은 장 운동에 영향을 미쳐 배탈이 날 수 있다. 이것이 바로 '과민대장증후군'이다. 과민대장증후군은 만성적인 설사와 복통으로 하루에도 여러 번 변통이 있는 '설사형', 만성 변비로 배변 시 고통이 생기기 쉬운 '변비형', 설사와 변비를 반복하는 '교대형'으로 나눌 수 있다. 일본인의 약 10%에게 이런 증상이 있다고 추정되는데, 남성은 설사형, 여성은 변비형이 많다. 과민대장증후군은 성실한 사람이나 내성적인 사람, 한창 일하는 세대가 잘 걸리는 특징이 있지만, 20대 젊은 여성에게도 흔히 볼 수 있다.

　과민대장증후군에 걸리면 잦은 변의나 복부의 불쾌감으로 일이나 공부에 집중하지 못하기 때문에 생활의 질이 크게 떨어진다. 화장실을 가야 하는 불안이 스트레스로 작용해 긴장하는 상황이 생길 때마다 증상이 반복되는 악순환에 빠지기도 한다.

　과민대장증후군은 불안과 긴장을 억제하는 약을 쓰거나 장 운동을 안정시키는 약으로 치료하는데, 정신과 치료가 효과적인 경우도 있다. 폭음·폭식과 불규칙한 생활을 개선하고 신체적 스트레스를 완화하는 것도 증상을 개선하는 데 필수적이다.

젊은 여성과 한창 일하는 세대에 많은 과민대장증후군

과민대장증후군은 위장관에 특별한 질환이 없고 구조적인 문제가 없는데도
월 3회 이상 복통, 설사, 변비 등의 증상이 나타나는 것을 말한다.
정신적인 스트레스나 긴장이 원인인 경우가 많은데,
젊은 여성이나 한창 일하는 세대에게 많이 발생한다.

설사형
- 만성적인 설사로 복통이나 복부 불쾌감이 있다.
- 하루에도 몇 번씩 배변이 있다.
- 남성에게 많다.

변비형
- 만성적인 변비로 복통이나 복부 불쾌감이 있다.
- 배변 시 종종 복부 불쾌감을 느낀다.
- 여성에게 많다.

증상이 나타나기 쉬운 상황

긴장할 때는 특히 증상이 나타나기 쉽다.
설사형은 출근 전이나 전철 안에서 증상이 나타나는 일이 많다.

일하는 중

면접 중

수업 중

전철 안

걸리기 쉬운 사람

성실한 사람, 내성적인 사람, 정서가 불안정한 사람이 잘 걸리는 것으로 알려져 있다.

우울한 경향이
있는 사람

20대 젊은 여성,
한창 일하는 세대

마음이 약하고
내성적인 사람

성실한 사람

10 막연한 불안을 극복하는 간단한 방법

친밀한 거리를 둬서 불안을 해소한다

딱히 이렇다 할 이유도 없는데 왠지 모르게 불안해질 때가 있다. 사람은 무슨 일이 일어날지 모르는 미래나 자신이 통제할 수 없는 사건에 대해 불안을 느끼기 쉽다. 특히 최근에는 신종코로나바이러스의 감염 확대 등 미지에 대한 불안이 점점 커지는 경향이 있다. '감염될지도 모른다', '감염되면 얼마나 힘들까', '직장을 잃을지도 모른다' 등 내일을 알 수 없는 미래에 대한 불안으로 마음이 울적한 사람도 많을 것이다.

이런 불안한 마음을 잠재울 수 있는 방법은 바로 당신 주위에 있는 불안과 안심의 경계선을 명확히 하는 것이다. 우선 10센티미터 정도의 장벽 층이 자신의 주위를 지켜 준다고 상상해 보라. 여기서부터 서서히 손을 뻗어 상하좌우 닿는 범위까지 넓혀 나간다. 이 범위는 자신이 마음대로 통제할 수 있는 공간이고 가족이나 연인 등 당신이 마음을 허락할 수 있는 사람만이 출입할 수 있는 영역이다. 이 거리를 심리학에서는 '친밀한 거리(Intimate Distance Zone)'라고 부른다. 친밀한 거리는 심리적으로 자신의 공간이라고 인식하는 자기 주위의 영역이므로 의식하면 마음이 편안해지고 막연한 불안을 해소하는 데도 도움이 된다.

그래도 불안해서 어쩔 수 없을 때는 불안 증상이 극도로 진행될 가능성이 있으므로 정신건강의학과 상담을 해 보는 것이 좋다.

사람은 왜 불안에 떠는 걸까?

나쁜 소식

신종 코로나바이러스
(코로나19)로 사망….

나도 코로나19에
감염될 수도….

자신의 예상을 뛰어넘어 무슨 일이 일어
날지 모르면 불안해지기 마련이다.

불안을 없애는 방법

1 손을 움직인다

2 팔을 뻗는다

3 자신을 지켜 주는
장벽층을 만들어
놓는다

자신이 마음대로 할 수 있거나 예상 밖의 일이 일어나지 않는 공간에 있다고
상상하면 막연한 불안감은 완화된다.

11 피곤한데도 잠이 오지 않는 이유는 무엇일까?

노화와 스트레스가 수면의 질을 떨어뜨린다

피곤한데도 좀처럼 잠이 들지 않고 잠이 들었다가도 한밤 중이나 새벽에 깬다. 수면의 시작이나 유지에 장애를 느끼는 이와 같은 현상을 '불면증' 또는 '수면 장애'라고 한다.

우리는 잠을 자는 동안에는 얕은 수면인 '렘수면'과 깊은 수면인 '논렘수면'을 교차로 반복한다. 뇌는 깨어 있지만 몸이 잠든 상태를 '렘수면', 뇌가 깊이 잠든 상태를 '논렘수면'이라고 한다. 논렘수면의 깊이는 1단계부터 4단계로 나뉘는데, 노화에 따라 2~3단계에서 멈추는 경우도 많다. 나이가 들면 잠이 얕아지는 것은 바로 이 때문이다. 젊은 사람이라도 스트레스나 걱정거리가 있으면 논렘수면이 깊어지지 않고 불면 증상이 나타난다.

수면 장애가 만성화되면 집중력이나 판단력이 떨어질 뿐 아니라 면역 기능이 떨어져 질병이나 감염증에 걸리기 쉽다. 또한 식욕을 억제하는 '렙틴'이라는 호르몬의 분비가 억제되어 비만으로 이어지기도 한다.

이러한 문제 수면 장애를 극복하기 위해서는 수면 환경을 개선해야 한다. 침실에서는 불을 끄고 스마트폰을 보거나 TV를 보지 않도록 하자. 정신건강의학과에서는 불면의 유형에 따라 약물을 처방받을 수도 있다. 무엇보다 **스트레스를 덜 받기 위해서는 잠을 이루지 못해도 신경 쓰지 말아야 한다.** 누워서 조용히 눈을 감고 있는 것만으로도 뇌가 쉴 수 있기 때문이다.

불면증에는 두 가지 유형이 있다

스트레스로 잠을 이루지 못하는 사람 중에는 이런 유형이 많다.

조기 각성
새벽이 되면 잠에서 깬다.

수면 곤란
잠자리에 든 후 30분~1시간이 지나도 잠이 들지 않는다.

불면증이 병으로 발전한다는 보고는 없다

불면으로 인해 멍해지거나 졸거나 해서 사회생활에 지장이 생길 수는 있지만, 잠을 잘 못 잔다고 해서 암이나 당뇨병 등이 생긴다는 보고는 없다.

 불면 = 병든다 보고 없음.

↓

지나치게 신경 쓸 필요 없다.

피곤한데도 잠이 오지 않는 이유는 무엇일까?

12 여름과 겨울에는 우울증에 걸리기 쉽다?

특정 시기에만 발병하는 계절성 감정 장애

　　1년 중 일정 시기에만 기분이 좋지 않거나 의욕 저하에 시달리는 사람이 있다. 이는 '계절성 감정 장애(Seasonal Affective Disorder, SAD)'라는 마음의 병으로, 일명 '계절성 우울증'이라고도 한다. 대표적인 것이 '여름철 우울증'과 '겨울철 우울증'이다. 여름철 우울증은 5~9월 무렵에 나타나고 주로 식욕 부진이나 불면 증상을 보인다. 여름을 타는 증상과 비슷하지만, 침울한 기분을 동반한다. 겨울철 우울증은 10~3월경에 나타난다. 여름철 우울증과 달리 식욕이 왕성해지고 잠이 지나치게 많아지는 것이 특징이다.

　여름과 겨울에 계절성 감정 장애가 증가하는 이유는 뭘까? 우선 초여름이나 초겨울에는 더위나 추위에 몸이 익숙하지 않기 때문에 급변동이 스트레스로 작용하여 마음의 장애를 초래한다. 겨울에 일조 시간이 짧아지면 생체 시계가 잘못돼 버리는 것도 겨울철 우울증의 원인이 될 수 있다. 겨울철 우울증에는 조사 요법이 효과적이다. 햇빛에 가까운 밝기의 빛을 일정 시간 쪼여 줌으로써 생체 시계를 조정하는 멜라토닌이라는 호르몬의 기능을 정상화시켜 우울증을 개선시킨다.

　계절성 감정 장애가 아니더라도 아침에 일어나기 힘들거나 불규칙한 생활을 하는 사람은 외로움을 느끼기 쉽고 우울한 기분을 갖기 쉬운 것으로 알려져 있다. 아침에는 일찍 일어나 햇볕을 충분히 쬐야 밤의 수면 개선이나 기분 향상에 도움이 된다.

계절성 우울증의 대표적인 패턴

여름철 우울증

5~9월경에 나타난다.

- 식욕 저하
- 불면

겨울철 우울증

10~3월경에 나타난다.

- 식욕 증강
- 지나친 수면

3~5월에는 자살하는 사람이 늘어난다

2019년 경찰청 통계를 보면 3~5월에는 자살자가 많다는 것을 알 수 있다.
인간은 인생의 전환점에 생사가 좌우되는 것으로 알려져 있다. 일본에서는 인생의 전환점인 4월 전후 그리고 오월병(무기력증) 등의 영향으로 3~5월에 자살자가 증가하는 경향이 있다.

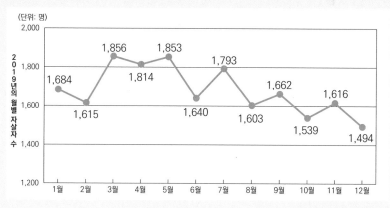

(단위: 명)

2019년의 월별 자살자 수

1월	2월	3월	4월	5월	6월	7월	8월	9월	10월	11월	12월
1,684	1,615	1,856	1,814	1,853	1,640	1,793	1,603	1,662	1,539	1,616	1,494

출처: 경찰청 '2019년 자살 상황'

여름과 겨울에는 우울증에 걸리기 쉽다?

13 폭식, 스트레스 해소 효과는 단 20분에 불과하다

구순 욕구가 폭식을 부른다

피곤하거나 짜증이 날 때는 좋아하는 음식을 마음껏 먹어 기분을 달래고 싶기 마련이다. 일하는 중이나 공부하는 중에는 그리 배가 고프지 않아도 입이 심심해 음식에 손이 가기도 한다. 이처럼 스트레스를 느낄 때 뭔가를 먹고 싶어지는 것은 '구순(구강) 욕구'가 높아지기 때문이다. 아기는 배고플 때뿐만 아니라 불안할 때도 엄마 젖을 빨아 안정감을 얻으려고 한다. 이와 마찬가지로 어른들도 피곤할 때나 불안할 때 간식을 먹거나, 사탕이나 껌을 씹거나, 담배를 피우거나, 손톱을 깨물어 구순 욕구를 충족시킴으로써 스트레스를 해소하려고 한다.

그렇지만 이는 일시적인 현상이다. '간식을 먹은 후 20분 정도는 의욕이나 행복감이 올라가지만, 그 시간이 지나면 먹기 전보다 오히려 기분이 가라앉아 스트레스가 최대가 되는 상태로 돌아가 버린다'라는 연구 보고도 있다. 즉, 아무리 먹어도 스트레스가 풀리지 않는다는 것이다. 오히려 체중만 늘어나 괜한 스트레스를 떠안게 될 수도 있다.

스트레스를 먹는 것으로 풀려는 자신을 깨달았다면 "먹어도 무의미하다"라고 말해 보자. 입이 심심하다는 것은 곧 마음이 외롭다는 것을 의미한다고도 할 수 있다. 이럴 때는 친한 사람과 수다를 떠는 등 기분을 발산시키는 것이 무엇보다 중요하다.

먹어도 스트레스가 해소되는 건 단지 20분에 불과하다

20분 후

먹어서 스트레스 해소!

일시적으로 풀린 스트레스는
원래대로 돌아간다.

'먹어도 기분이 풀리지 않는다'라는 것을 알게 되면 스트레스로 인한 과식을
억제할 수 있다

마음을 충족시키기 위해 다른 일을 시작한다

과식할 것 같을 때는 사람들과 대화를 시도하거나, 전화를 하거나,
메일을 쓰거나, 취미 활동을 시작해 본다. 일단 마음을 채우는 것이 중요하기 때문이다.
SNS나 블로그 등에 다이어트 일기를 쓰는 것도 효과적이다.

SNS에
다이어트 일기를 쓴다

취미에 몰두한다

사람들과 대화한다

14 스트레스가 일으키는 불쾌한 목의 위화감

의식을 다른 곳으로 돌린다

원인을 알 수 없는 목의 위화감을 호소하며 정신건강의학과를 찾는 환자가 많다. 병원에서 자세히 조사해 봐도 특별한 이상이 없는데 목의 위화감이 계속되는 것은 전형적인 '스트레스 볼' 증상이다. 스트레스 볼이란, 목구멍과 코 안쪽에 말 그대로 공이 막혀 있는 것 같은 위화감을 느끼는 것을 말한다. 명확한 메커니즘은 알 수 없지만, 불안, 긴장 등의 정신적 스트레스가 원인이 돼 이러한 증상이 나타나기도 한다. 스트레스 볼 이외에도 가슴과 배, 머리 등이 쿡쿡 쑤시고, 몸 안에 뭔가가 있는 듯한 감각이 있는 등 다양한 부위에 증상이 나타날 수도 있다. 병원에서 검사해 봐도 이상이 발견되지 않는다면 스트레스가 원인인 '마음의 증상'이라고 생각해도 좋을 것이다.

이런 증상이 신경 쓰일 때 필요한 것은 **몸 치료가 아니라 스트레스를 완화하기 위한 대처이다.** 친한 사람과 대화를 하거나 일기를 쓰는 시간을 늘리고 필요에 따라 상담을 받는 등 고민이나 마음의 답답함을 발산해 보자. **가장 즉효성이 높은 방법은 '의식을 비우는 일'이다.** 증상은 의식할수록 신경이 쓰인다. 운동이나 취미에 열중하거나 좋아하는 음식을 먹으면서 자신의 의식을 목구멍, 머리, 배 등 증상이 있는 부위가 아닌 다른 곳으로 돌려 보자.

스트레스 볼이 뭐지?

스트레스를 받으면 목에 공이 있는 것 같은 느낌이 든다.

병원에 가도…

목에 공이 걸린 것 같아요.

아무런 문제가 없어요.

스트레스 볼이란, 목구멍과 코 안쪽에 공이 막힌 것처럼 위화감을 느끼는 것을 말한다. 실제로 뭔가 막혀 있는 건 아니기 때문에 병원에서는 아무런 문제가 없는 것으로 나타난다.

즉각적인 개선책은 의식을 다른 곳으로 돌리는 것이다

운동한다

먹는다

증상을 느꼈을 때는 운동을 하거나 뭔가 먹거나 해서 주의를 다른 곳으로 돌린다. 이런 행동을 의식적으로 반복한다.

15 우울증과 공황장애가 생기는 이유

스트레스를 나쁜 것이라고 생각하는 사람은 상처받기 쉽다!

이 책의 첫머리에서 스트레스가 모두 나쁜 것만은 아니라고 설명했다. 하지만 '스트레스는 나쁜 것'이라고 생각하는 사람에게는 스트레스가 마음이나 신체에 타격을 줄 수 있다. 그렇다면 이런 사람이 스트레스를 쌓아 두면 심신에 어떤 영향을 미칠까? **스트레스를 잘 해소하지 못하면 마음이 한계를 느끼고 '우울증', '적응장애', '공황장애'와 같은 마음의 병이 생길 수 있다.**

우울증은 마음의 침울과 의욕 저하, 식욕 부진, 불면 등과 같은 증상이 나타나는 병으로, 약 80%가 일이나 직장의 인간관계에 기인하는 것으로 알려져 있다. 우울증이 심해지면 아침에 일어나는 일조차 할 수 없게 돼 사회 생활을 하기 어렵다.

마음이 우울해지는 우울증보다 좀 더 넓은 개념으로 사회 적응이 어려워지는 병이 '적응장애'이다. 불안과 긴장, 초조 등이 강해지기 때문에 주위 환경에 적응할 수 없게 되는 것이 특징이다. 공황장애는 스트레스나 긴장이 원인이 돼 심장 두근거림이나 호흡 곤란과 같은 공황 발작을 일으키는 병으로, 남성보다 여성에게서 많이 볼 수 있다.

마음이 한계에 다다르면 식욕이 떨어지고 잠을 깊게 자지 못할 뿐 아니라 취미를 즐기지 못하고, 일을 생각하면 불안해지는 등과 같은 전조 증상이 나타난다. **이러한 징후가 나타났을 때 휴식을 취하고 스트레스를 잘 발산해야 우울증을 예방할 수 있다.**

스트레스를 너무 많이 받으면 생기는 마음의 병

우울증

뇌 속 전달 물질의 균형이 깨지면서 일어나는 '내인성 우울증'
과 일이나 인간관계 등의 스트레스가 원인이 돼 일어나는 '심
인성 우울증'이 있다.

아무것도
하고 싶지 않아.

> **특징**
> ・식욕 저하　・불면　・의욕 저하

적응장애

스트레스가 원인이 돼 사회에 적응하지 못하는 것을 말한다.
우울증과 비슷하지만, 우울증은 기분이 좋지 않은데 반해 적
응장애는 적응하지 못하는 것이 주요 증상이다.

짜증나.

> **특징**
> ・좌절감　・과도한 불안감　・과도한 긴장감

공황장애

스트레스와 긴장 등으로 증상이 갑자기 생긴다. '또 발작이 일
어나면 어쩌지' 하며 지나치게 불안해하는 '예기불안'이 한 달
이상 지속된다.

불안해.

> **특징**
> ・두근거림　・호흡 곤란　・발한
> ・흉부의 불쾌감　・예기불안

우울증과 공황장애가 생기는 이유

16 몹쓸 인간으로 오해받기 쉬운 '신종 우울증'

기존의 우울증과 다른 점은 감정 기복이 심하다는 것

기존의 우울증과 다른 새로운 유형의 우울증에 걸리는 사람이 늘어나고 있다. 우울증의 전형적인 증상은 마음이 침울하고, 모든 상황에서 의욕이 저하된다. 하지만 새로운 유형의 우울증은 '기분의 반응성'이라 하여 뚜렷한 감정의 기복을 볼 수 있다. 직장에는 나갈 수 없지만, 좋아하는 일이나 즐거운 일에는 몰입할 수 있다. 좋지 않은 일이 있으면 침울해하다가 기쁜 일이 생기면 기분이 좋아지는 등 기존의 우울증과는 경과가 다르다. 이런 유형의 우울증을 통틀어 '신종 우울증'이라고 한다.

기존 우울증에 비해 증상이 가볍다고는 하지만, 신종 우울증도 식욕이나 수면 관련 증상이 나타난다. 특히, 과도한 수면에 시달리는 경향이 높아 많이 자도 잠이 부족하고 나른함을 느끼는 사람이 많다. 또한 마음이 우울해지는 상황이 한정적이기 때문에 본인이 병을 자각하기 어려울 수 있다. 여러 좋지 않은 상태가 병의 원인이라고 인식하지 못하고 '나는 안 되는 인간'이라는 등 자기혐오에 빠져 버리는 경우도 적지 않다. 언뜻 보면 건강해 보이기 때문에 주위 사람들에게 이기적인 사람으로 오해받기 쉽다.

신종 우울증에 걸리기 쉬운 요인으로는 유전적인 것 이외에 온갖 일에 반응하기 쉬운 성격, 일이나 인간관계로 스트레스가 많은 환경에 놓여 있는 것 등을 들 수 있다.

신종 우울증과 전형적인 우울증의 차이

신종 우울증	전형적인 우울증

즐거운 일은 하지만, 싫은 일은 하지 못한다.

일, 일상생활, 노는 일 등 모든 것에 의욕이 생기지 않는다.

신종 우울증에 걸리기 쉬운 요인

유전	환경	성격

친척 중 우울한 사람이 많다.

상사와의 갈등 등 업무 환경 이나 친구 관계로 인한 스트 레스가 많다.

모든 일에 쉽게 반응하는 성격이다.

17 자율신경실조증이 우울증과 다른 점은?

자율신경실조증이라는 병은 존재하지 않는다

몸 상태가 좋지 않아 병원에 갔다가 의사에게 '자율신경실조증'이라는 말을 들은 사람도 있을 것이다. 사실 자율신경실조증은 정식 병명이 아니다. 자율신경실조증은 자율신경계에 영향을 미치는 교감·부교감 신경계의 이상으로 발생하는 증상을 말하는 것으로, 원래는 우울증, 공황장애, 적응장애와 같은 정신적인 질병에 해당한다. 하지만 이러한 병명을 붙이기 어려운 경우나 본인에게 설명하기 어려운 경우 등에 자율신경실조증이라는 명칭이 사용되고 있다.

자율신경이란, 우리 몸의 기능을 자율적으로 조절하는 신경을 말한다. 우리의 체내에는 교감 신경과 부교감 신경이라는, 서로 다른 작용을 하는 두 자율신경이 균형을 이뤄 호흡과 혈액순환, 체온 조절, 소화와 같은 신체 기능을 조절한다. 하지만 **스트레스 등으로 자율신경의 균형이 깨지면 신체 기능도 잘 조절되지 않는다.** 내장 등 전신의 기능이 떨어져 다양한 이상이 생기는 것이다. 예를 들어 우울증에 걸리면 식욕 저하, 수면 장애 등과 같은 증상이 나타나는데, 이들은 모두 자율신경계 이상이 원인이 돼 나타나는 증상이다.

따라서 **치료할 때는 가장 먼저 자율신경에 혼란을 주는 정신적인 질병이 있는지 확인해야 한다.** 원인이 되는 질병을 발견하면 스트레스 조절과 함께 약물 요법, 상담과 같은 치료를 해야 한다.

자율신경이란?

자율신경은 서로 다른 작용을 하는 '교감신경'과 '부교감신경'으로 나뉘며
교감신경과 부교감신경이 서로 균형을 이루면서 몸 상태를 조절한다.

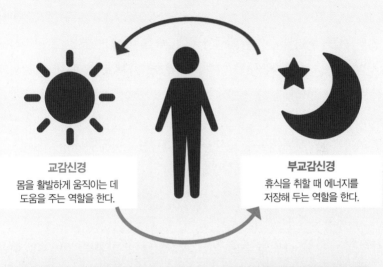

교감신경
몸을 활발하게 움직이는 데
도움을 주는 역할을 한다.

부교감신경
휴식을 취할 때 에너지를
저장해 두는 역할을 한다.

자율신경이 불균형할 때

불규칙한 생활이나 스트레스로 교감신경과 부교감신경의 균형이 깨지면
여러 가지 증상이 나타난다.

나른하고 피곤이 안 풀린다.　　　설사, 변비 증상이 나타난다.　　　춥지 않은데 오한이 난다.

45

자율신경실조증이 우울증과 다른 점은?

칼럼 ❷
COLUMN

피곤함의 원인은 육체가 아니라 뇌에 있었다!

일이나 공부를 열심히 하다 보면 '아~ 피곤해'라는 소리가 무심코 나와 버리기도 한다. 하지만 이 피곤함은 사실 육체적인 피로가 아니다. 피로 전문가로 알려진 내과의사 지모토 오사미 씨는 "스쿼트 같은 격렬한 운동을 계속하지 않는 한, 인간의 근육은 그렇게 간단하게 손상되지 않는다"라고 말한다. 일이나 공부, 가벼운 운동 같은 동작 정도는 육체에 거의 영향을 미치지 않는다는 것이다. 물론 바빠서 적당한 수면을 취하지 못하거나 제대로 먹지 못하는 등 부차적인 것이 원인이 돼 건강을 해칠 수 있다. 하지만 일이나 공부를 열심히 해도 육체에는 직접적인 손상이 가지 않는다.

그런데도 우리가 피곤함을 느끼는 이유는 뭘까? 그것은 바로 뇌의 긴장이 풀린 탓이다. 일, 공부 등 같은 작업을 장시간 동안 계속하면 뇌에 피로 물질이 쌓여 멍한 느낌이 들 수 있다. 그래서 육체까지 피곤한 것처럼 느껴진다. 피곤을 느끼면 휴식이나 수면을 취해 뇌가 회복되도록 해야 한다.

아~ 피곤해

일이나 공부, 가벼운 운동 → 육체적인 타격이 없다.

제 **3** 장

인간관계에 따른 스트레스를 해소하라

18 다른 커뮤니티 친구들과는 가까이하지 않는 게 좋다

경계 밀도가 높으면 인간관계가 힘들어진다

학창 시절 친구, 직장 동기, 아이 친구 엄마 등 당신을 둘러싼 인간관계에는 몇 가지 그룹이 있을 것이다. 이러한 그룹끼리 교류하는 정도를 심리학에서는 '경계 밀도'라고 한다. 예컨대 학창 시절의 친구 그룹과 직장 동기 그룹이 당신을 통해 자주 소통하는 경우라면 경계 밀도가 높은 상태라고 할 수 있다.

경계 밀도가 높다는 것은 언뜻 보면 인간관계가 넓은 이상적인 상태로 보일 수 있다. 하지만 당신의 마음에는 경계 밀도가 낮은 것이 더 좋다. 심리학자 버턴 허시가 조사한 바에 따르면, 자신이 속한 그룹 간의 교류가 적을수록 정신적으로 건강한 것으로 나타났다. 그룹 간에 교류가 없으면 어느 한쪽 그룹의 푸념을 다른 쪽 그룹의 친구가 들어 줄 수 있다. 하지만 그룹끼리 연결돼 있으면 섣불리 불평을 할 수도 없고 소문 하나에도 신경을 써야 한다. '저 사람이랑 이 사람이랑 잘 맞을 수도 있겠다' 싶어 눈치껏 그룹끼리 연결시켜도 결국 힘들어질 뿐이다.

만약, 당신이 이미 경계 밀도가 높은 인간관계에 지쳐 있다면 완전히 새로운 폐쇄적인 세계를 갖는 것이 좋다. 자신만의 닫힌 세상을 만들면 평온한 마음을 되찾을 수 있기 때문이다.

경계 밀도는 낮을수록 좋다

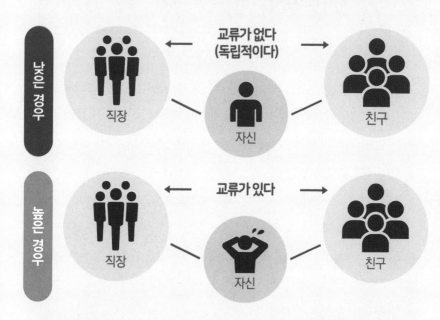

낮은 경우

교류가 없다
(독립적이다)

직장 ← 자신 → 친구

높은 경우

교류가 있다

직장 ← 자신 → 친구

49

익명으로 활동하는 그룹을 갖는다

예를 들면

- SNS에서는 자신의 이름을 밝히지 않는다.
- 온라인 게임에서는 핸들 네임만을 밝힌다.
- 블로그는 친구에게만 공개한다.

아무에게도 보이지 않는 자신만의 세계를 만들어야 마음이 평온해진다.

19 스트레스가 잘 쌓이는 일, 잘 안 쌓이는 일

병에 걸리기 쉬운 직종은 따로 있다

유전적으로나 성격적으로 스트레스에 취약한 사람은 일을 할 때도 스트레스를 많이 받지만, 직종이나 업종에 따라서도 스트레스를 받는 정도가 다르다.

● **사람과의 접점이 적은 일**

업무상 받는 스트레스의 원인은 대부분 인간관계에서 찾을 수 있지만, 사람과의 관계가 너무 적어도 스트레스를 받는다. 사회 일원으로서의 존재 의의나 가치를 느끼지 못하기 때문에 마음의 병을 앓기 쉬운 것이다. 만화가나 프로그래머처럼 혼자서 일하는 사람은 주의해야 할 필요가 있다.

● **'감정노동'을 하는 접객업**

콜센터 클레임 담당이나 음식업 종업원처럼 돈 거래가 발생하는 접객에서는 자신의 감정을 억제하고 서비스나 클레임에 대응해야 한다. 이런 감정노동자일수록 스트레스를 받기 쉽다.

● **경영자보다 월급쟁이**

재량권이 적은 직장인보다는 재량권이 많은 경영자가 우울증에 잘 걸리지 않는 것으로 알려져 있다. 경영자는 무거운 책임감과 부담감을 안고 일하기는 하지만, 자기의 생각과 판단에 따라 일을 처리하기 때문에 힘든 일에도 잘 견딘다. 한편 월급쟁이는 회사의 지시를 받아 일한다. 강제에는 스트레스가 수반되기 때문에 마음의 균형을 잃기 쉽다. **스트레스에 약한 사람은 마음에 미치는 영향도 생각해 업종이나 직종을 선택하는 것이 좋다.**

스트레스가 쌓이기 쉬운 일은?

타인과의 접점이 없다

묵묵히 혼자서 하는 작업
다른 사람과 만나지 않고 대화 없이 일하는 사람은 병들기 쉽다.

- 만화가
- 프로그래머
- 혼자서 작업하는 공장 작업원

등

감정을 억제해야 한다

'감정노동'이라 불리는 일
손님에게 서비스를 제공하기 위해 자기 자신의 감정을 억제해야 하는 사람은 병들기 쉽다.

- 콜센터의 클레임 담당
- 음식점 종업원
- 의류 판매원

등

재량권이 있으면 스트레스가 잘 쌓이지 않는다

업무에 대한 책임이나 압박감은 있지만, 일 자체가 자기실현의 장이고, 힘들게 일해 매출이 늘어나면 회사의 가치나 수입이 오른다.

병이 쉽게 걸리지 않는다

경영자

20 욕설이나 비판을 받았을 때의 마음가짐

칭찬해서 상대방의 태도를 누그러뜨린다

세상에는 남을 비판하기 좋아하는 사람도 있고 욕설을 입에 달고 사는 사람도 있다. 왜 그들은 그런 태도를 취할까? 자신감이 없기 때문이다. 상대가 자신을 업신여길까 봐 강하게 나오는 것이다. 남을 공격하는 이유도 자신이 가치 있는 사람이라는 것을 확인하고 싶기 때문이다.

이런 사람이 공격해 올 때 전면 대응하거나 반격하면 스트레스만 쌓인다. 다음과 같은 방법으로 상대의 마음속에 들어가는 것이 가장 좋은 해결책이다.

① 칭찬한다

자신감이 부족한 사람일수록 칭찬을 받으면 기분 좋아한다. 일에 대한 능력부터 용모나 복장까지 그 사람에 대해 하나하나 칭찬해 보라. 상대방은 '심술궂게 굴면 더 이상 칭찬받지 못할지도 모른다'라고 생각하며 공격의 고삐를 늦출 것이다.

② 부탁한다

부탁을 받는다는 것은 상대방에게 자신의 가치를 높일 수 있는 최대의 기회이다. A와 B의 방법 중 어느 쪽이 좋을지 의견을 구하는 것도 효과적이다.

일이든 육아든 칭찬은 매우 중요하다. 상대방의 좋은 점을 잘 찾는 '칭찬꾼'이 되면 스트레스 없는 인간관계를 만들 수 있고, 자신도 긍정적인 사람이 될 수 있다.

비판이나 욕설을 많이 하는 사람은 자신감이 부족하다

비판
너의 그런 점이 문제야!

욕설
저 사람 정말
짜증나네.

누군가를 공격함으로써
나의 가치를 재확인하고 싶다.

자신이 없다

자신감이 부족한 사람과 잘 어울리는 요령

❶ 칭찬한다

칭찬한 후에 원하는 바를
말한다.

칭찬을 받았기 때문에 마
음이 누그러져 부탁받은
것을 들어 주려고 한다.

심술을 부리면
칭찬을 못 들을 수도 있어!

❷ 부탁한다

용모나 능력, 옷차림
등을 칭찬한다.

자신감이 없는 만큼 기
분 좋아하며, 더 칭찬
받기 위해 부드러운 태
도를 취한다.

나도 상대를 도와야지!

21 '좋아요'에 휘둘리기 전에 기다릴 것

승인 욕구를 폭주시키는 SNS의 함정

SNS가 확산되면서 '승인 욕구'라는 말을 자주 들었을 것이다. 승인 욕구란, 누군가에게 인정받고 싶다거나 특별한 존재가 되고 싶다고 바라는 욕구를 말한다.

미국의 심리학자 아브라함 매슬로(Abraham Maslow)가 제창하는 '욕구 5단계설'에 따르면, 인간에게는 5단계 욕구가 있다. 1단계는 식욕과 수면욕과 같은 가장 기본적인 '생리적 욕구', 2단계는 자신의 신변과 생활의 안전을 확보하고 싶은 '안전에 대한 욕구', 3단계는 자신이 속한 집단에서 인정받고 싶은 '애정과 소속에 대한 욕구', 4단계는 다른 사람으로부터 특별하다고 인정받고 싶은 '자기존중의 욕구'이다. 5단계는 자신의 꿈이나 희망을 이루고 싶은 '자아실현 욕구'로, 이들 4가지 욕구가 어느 정도 충족되어야 비로소 생겨난다. 승인 욕구는 이 중 3단계인 '애정과 소속에 대한 욕구'와 4단계인 '자기존중의 욕구'를 합한 것으로, 누구에게나 있는 기본적인 욕구이다.

자신의 의견이나 라이프스타일을 부담 없이 전달하고 팔로워에게 '좋아요'를 받을 수 있는 SNS는 승인 욕구를 충족시키기에 안성맞춤이다. 하지만 잘못 어울리다 보면 승인 욕구를 제어할 수 없게 될 우려가 있다. 자신의 게시글에 반복해서 '좋아요'를 받는 사이 만족감이 덜해져, 더 많은 승인을 요구하게 된다. 이러한 일이 스트레스로 작용해 'SNS 피로'로 연결되는 것이다.

매슬로의 욕구 5단계설이란?

인간의 욕구는
① 생리적 욕구, ② 안전에 대한 욕구, ③ 애정과 소속에 대한 욕구, ④ 자기존중의 욕구,
⑤ 자아실현 욕구로 분류되는데, 사람은 저차원의 욕구가 어느 정도 충족돼야
비로소 더 높은 단계의 욕구가 생긴다는 것이다.

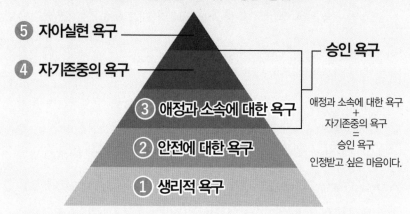

5 자아실현 욕구

4 자기존중의 욕구

3 애정과 소속에 대한 욕구

2 안전에 대한 욕구

1 생리적 욕구

승인 욕구

애정과 소속에 대한 욕구
+
자기존중의 욕구
=
승인 욕구
인정받고 싶은 마음이다.

'좋아요'에 휘둘리기 전에 기다릴 것

SNS로 얻을 수 있는 '승인'은 익숙해지기 쉽다

처음에는…

20 좋아요!

됐다!

익숙해지면 허전해진다

'좋아요!'가 더 많았으면 좋겠다!

20 좋아요!

같은 자극을 반복하는 사이에 익숙해져 같은 정도의 승인으로는 만족할 수 없게 된다.

22 SNS 중독 위협

마음도 좀먹는 SNS 중독

SNS에 투고하면 불특정 다수의 사람에게 '좋아요'라고 하는 승인을 받는다. 이것이 큰 만족감으로 이어지기도 하지만, 그만큼 중독되기 쉬우므로 주의해야 한다. SNS에 빠져 있는 사람들의 뇌에는 알코올이나 마약 중독자와 비슷한 다양한 손상을 볼 수 있다. SNS가 머릿속에서 떠나지 않을 수도 있고 '좋아요'나 댓글 수가 신경 쓰일 수도 있다. 기대했던 반응을 얻지 못하면 초조해질 수도 있다. 이런 현상은 SNS 중독에 빠지는 징후이다. 이런 징후를 그냥 지나치면 마음이 멍들게 된다. 집중력이나 의욕이 떨어지기도 하고 감정, 특히 기쁨을 느끼기 어려워지는 등 우울증과 같은 증상이 나타난다. 일에도, 일상생활에도 큰 지장이 생길 수 있는 것이다.

'혹시 SNS 중독 아닌가?' 하는 생각이 들었다면 우선 스마트폰이나 PC 등 SNS에 접속할 수 있는 기회를 물리적으로 차단해 SNS와 거리를 두는 것이 좋다. SNS가 아닌 다른 데서 마음을 채울 수 있도록 목표를 세우고 일이나 공부를 해 보자. 운동으로 기분을 전환하는 것도 효과적이다.

누구나 자유롭게 자신을 표현하며 세상 사람들과 교류할 수 있는 SNS는 삶을 보다 풍요롭게 만들어 준다. 이 편리함을 계속 즐기기 위해서는 SNS와의 거리를 유지하는 것이 중요하다.

SNS에 중독되지 않도록 주의해야….

인터넷 중독 여부를 테스트할 수 있는 인터넷 의존증 테스트의 일부를 소개한다.
예스가 많을수록 중독 위험이 높다고 할 수 있다.
인터넷을 SNS로 바꿔 의존도를 확인해 보기 바란다.

- ☐ 생각했던 것보다 오랜 시간 동안 인터넷을 한 적이 있나요?
- ☐ 인터넷에서 새로운 친구를 만들어 본 적이 있나요?
- ☐ 일상생활에 대한 걱정으로부터 마음을 돌리기 위해 인터넷에 몰두한 적이 있나요?
- ☐ 다음에 또 인터넷을 해야겠다고 생각한 적이 있나요?
- ☐ 수면 시간을 줄여 심야까지 인터넷을 한 적이 있나요?
- ☐ 인터넷을 하는 시간을 줄이려고 해도 안 될 때가 있나요?

중독, 혹시 나도?라는 생각이 들 때 의존에서 벗어나는 방법

참는다

갑자기 SNS를 그만
두지 말고 '한 번만 참
아 보자' '5분 동안만
보지 말자' 식으로 조
금씩 참아 본다.

다른 것으로 만족한다

운동이나 일, 공부 등
가치 있는 일을 한다.
SNS를 그만 두는 것
이 아니라 다른 것으로
채운다는 생각이 중요
하다.

멀리한다

스마트폰을 집에 두고
나가기, 전원 끄기 등
물리적으로 SNS를 멀
리해 본다.

기록한다

SNS를 하려고 했다가
참은 횟수를 기록한다.

23 너무 예민해서 스트레스가 쌓인다면 HSP를 의심해 보자

예민함을 장점으로 받아들이자

요즘 'HSP'라는 말이 주목을 받고 있다. HSP는 '매우 예민한 사람(Highly Sensitive Person)'의 약어로, 1995년 뉴욕주립대 심리학 교수 일레인 아론(Elaine Aron) 박사가 도입한 개념이다. 인간이 수렵생활을 하던 아주 먼 옛날, 예민함은 사냥감을 노리고 적으로부터 몸을 지키기 위해 필수적인 능력이었다. 마침내 인간을 둘러싼 환경이 안정되면서 인간이 지닌 예민함도 약해졌지만, 현대에도 일부 사람들에게는 예민한 기질이 이어지고 있다. 이런 기질을 지닌 사람이 대략 5명 중 1명꼴로 존재한다고 한다.

남이 하는 대화 내용이 궁금하다거나 냄새나 소리에 민감한 기질을 지닌 사람들은 HSP일 가능성이 있다. HSP는 사물 하나하나에 민감하게 반응하기 때문에 스트레스를 받기 쉽다.

하지만 예민한 것이 결점은 아니다. 예민하기 때문에 주위에 세심하게 신경 쓸 수 있고, 상대방에게 감정이입하기 쉽기 때문에 상대방의 입장에서 생각할 수 있다. HSP의 개념이 확산되면서 그동안 '유약하다'거나 '내향적이다'라고 비판받던 성질은 '배려가 많다'거나 '신중하다'라는 장점으로 받아들여지고 있다. 예민한 점을 자신의 뛰어난 개성으로 인정하면 다양한 스트레스도 긍정적으로 받아들일 수 있게 될 것이다.

HSP란?

HSP는 매우 예민한 감성을 지닌 사람을 뜻하는 용어이다. 타고난 기질에 따른 것으로, 5명 중 1명꼴로 존재하는 것으로 알려져 있다.

HSP 진단 테스트

- ☐ 남의 눈치를 보게 된다.
- ☐ 남들이 말하는 내용이 신경 쓰인다.
- ☐ 소음에 시달리기 쉽다.
- ☐ 즉시 놀란다.
- ☐ 냄새에 민감하다.
- ☐ 일상의 변화가 혼란스럽다.
- ☐ 한꺼번에 여러 가지를 부탁받으면 혼란스럽다.
- ☐ 드라마의 등장인물에 쉽게 감정이입한다.
- ☐ 미술이나 음악에 깊은 감동을 받는다.
- ☐ 주위 사람에게 곧잘 '예민하다'는 말을 듣는다.

**6개 이상 체크되면
매우 예민한 사람일 가능성이 높다.**

마음의 벽이 얇아 주위에 민감하다

그다지 예민하지 않은 사람

마음의 벽이 두꺼워 주위에 사람이 있어도 별로 신경 쓰이지 않는다.

매우 예민한 사람

주위 사람들이 보고 있는 듯한 기분이 들어 마음이 편치 않다. 부정적인 사고를 하기 쉽다.

너무 예민해서 스트레스가 쌓인다면 HSP를 의심해 보자

24 너무 예민한 성격은 '인지의 왜곡'

사고 습관을 바로잡는 훈련으로 해결

매우 예민한 사람(HSP) 중에는 주위 사람의 눈치를 너무 많이 본 나머지 스트레스를 받는 사람이 많다. 상사가 주의를 주면 자신이 싫어서 그러는 게 아닐까 생각하고 문자의 답장이 늦으면 '내가 상대방의 기분을 언짢게 한 건 아닐까?'라고 생각한다.

이러한 성향은 '인지의 왜곡', 즉 사고 습관을 바로잡는 훈련으로 해결할 수 있다.

지금 고민하고 있는 것을 떠올린 후 '그런데 ~이다'라는 반론문을 만드는 훈련을 해 보자. '과장님은 나의 능력이 떨어진다고 생각할 수도 있다. 그런데 이전에는 자료가 완성된 것을 보고 칭찬해 주었다'라는 식으로 자신이 상상하고 있는 상대의 마음을 객관적 사실로 부정해 본다. 지금 감지되는 불안을 사실에 근거해 부정함으로써 부정적인 이미지를 긍정적인 인식으로 바로잡는 것이다.

이런 훈련을 계속하면 생각하는 습관이 조금씩 수정돼 사실을 왜곡하지 않고 생각할 수 있게 된다. 자신이 상대에 대해 잘못 생각하고 있다는 것을 알게 되면 어떤 사람에게도 위축되지 않고 자연스럽게 대할 수 있게 된다. 당신의 상황을 잘 알고 있고 신뢰할 수 있는 사람에게 마음을 털어놓아도 기분이 달라질 수 있다.

지나치게 신경 쓰는 사람의 사고 패턴

지나치게 생각하는 사람은 무슨 일이 있을 때마다 '본인 탓'이라고 인식한다.

회의에서 내가 말하는데
하품하는 사람이 있었다.

약속이 취소됐다.

지나가는 사람들이
웃고 있다.

내가 한 얘기가
재미 없었나?

사실은 나를 만나고 싶지
않았는지도 몰라….

내 헤어스타일이
별나다고 생각했나?

↕

개의치 않는 사람의 사고

- 회의란 건 지루하잖아.
- 잠을 잘 못잤나보군.

↕

개의치 않는 사람의 사고

- 감기에 걸렸나?
- 다음에 상황이 좋을 때 만나자.

↕

개의치 않는 사람의 사고

- 어떤 대화를 나눴을까?
- 재미있는 일이 있었겠지?

'그런데 + 사실'로 반론한다

부정적인 사고에 사로잡힐 때는
'그런데 ~이다'라며 객관적인 사실로 반론해 나감으로써 인식을 바로잡는다.

다들 나를
싫어하는 것 같아.

그런데 ○○는 내가 참 좋다고 했잖아.

그런데 ○○는 다정하게 말을 걸어 주었어.

그런데 ○○는 문자도 자주 보내 주는 걸.

25 하고 싶은 말을 못해 생기는 스트레스는 이렇게 해소하라

> 말하기 어려울 때는 '~해 줬으면 좋겠다'라는 말을 덧붙인다

하고 싶은 말이 있는데 좀처럼 말을 꺼내지 못한 경험은 누구에게나 있을 것이다. 매우 예민한 사람(HSP)은 이런 경향이 더욱 강하다. 예민한 사람은 감수성이 풍부해 상대방의 입장에 서 보기도 하고 상대의 마음을 헤아려 보기도 하는 등 온갖 생각을 하기 쉽다. 그 결과, 머릿속에서 생각이 잘 정리되지 않아 말이 잘 나오지 않을 수도 있고 말할 기회를 놓치기도 한다. 이런 사람도 하고 싶은 말의 범위를 좁히면 기분 좋게 말할 수 있다.

꼭 하고 싶은 말이 한 가지이든, 여러 가지이든 세 가지로 좁혀 표현해 보자. 그러기 위해서는 평소에 할 말의 범위를 좁혀 말하는 연습을 하는 것이 좋다.

'이렇게 말하면 분명 싫어할 것이다'라는 인지의 왜곡 때문에 하고 싶은 주장을 하지 못하는 경우도 있다. 이런 경우에는 인지의 왜곡을 바로잡을 필요가 있다. 상대방의 반응을 지레짐작하지만 않아도 자신의 의견을 말하기 쉬워진다. 이상과 같은 대책을 세워도 좀처럼 하고 싶은 말을 하기 어려운 경우에는 마지막에 '~했으면 좋겠다'라는 한마디를 덧붙여 보라. '도와줘'라고 하기보다는 '도와줬으면 좋겠다'라고 해 보는 것이다. 이렇게 하면 자신도 말하기 쉬울 뿐만 아니라 상대도 기분 좋게 들어 줄 수 있다.

매우 예민한 사람(HSP)의 생각은 꼬리에 꼬리를 물기 십상이다

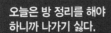

오늘은 방 정리를 해야
하니까 나가기 싫다.

나가기엔 너무
시간이 늦었어.

밀린 빨래도 해야
하고….

집안 형편이 어려우니
쓸데없는 지출을 하면
안 돼.

매우 예민한 사람(HSP)은 감수성이 높기 때문에
머릿속에 온갖 생각이 떠오를 수 있다.
한 번에 말하려고 하면 의견을 제대로 표현하기 어렵다.

의견을 최대 세 가지로 좁히면 말하기 쉽다.

'~ 해 줬으면 좋겠다'라는 말을 덧붙인다

청소 좀 도와줘.

청소를 해야 하는데
도와줬으면 좋겠다.

쇼핑하러 가자.

옷 사러 가야 하는
데 같이 가 줬으면
좋겠다.

하고 싶은 말을 못해 생기는 스트레스는 이렇게 해소하라

26 말로 공격하는 사람에게서 자신을 보호하는 방법

무반응으로 상대의 의욕을 꺾는다

우리 주위에는 비판하기를 좋아하거나 욕설을 입에 달고 사는 사람이 있다. 이런 사람에게는 칭찬이 효과적이다. 하지만 안타깝게도 세상에는 그런 수법에도 넘어가지 않고 당신을 표적으로 삼아 공격하는 사람도 있다. 이때 상대방의 눈치를 많이 보는 예민한 사람은 특히 심하게 동요할 수 있는데, 상대는 당신의 그런 반응을 재미있어하며 점점 더 집요하게 공격하게 된다.

이러한 상대를 물리치는 가장 효과적인 방법은 '피드백을 하지 않는 것'이다. 피드백이란, 상대방의 행동에 대한 자신의 반응을 솔직하게 보여 주는 과정을 말한다. 자신의 행동에 대한 피드백이 있으면 사람들이 의욕을 보인다는 사실은 실험에서도 입증됐다. 상대방이 공격했을 때 당신이 뭔가 반응을 보이면 그것이 상대방에게 피드백이 돼 더욱 의욕을 불러일으키게 된다. 반박하거나, 고개를 숙이거나, 그 자리에서 달아나려는 등의 반응은 모두 피드백이 되기 때문에 무조건 피해야 한다. 상대방의 의욕을 꺾으려면 반응을 보여서는 안 되는 것이다.

상대방의 공격이 시작되면 심호흡을 해서 어쨌든 동요를 억제해 보라. 자세한 것은 뒤에서 언급하겠지만, 호흡에 집중해 마음을 편안하게 갖자. 어떤 공격에도 반응하지 않으면 상대방은 의욕을 잃고 말 것이다.

피드백은 상대방을 우쭐하게 만든다

피드백이란, 타인의 행동에 대한 자신의 반응을 솔직하게 보여 주는 것이다.
피드백을 받은 사람은 더 해야겠다는 생각을 하게 된다.

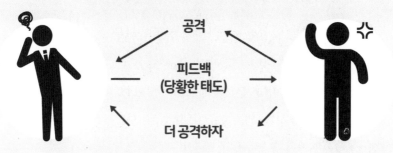

공격

피드백
(당황한 태도)

더 공격하자

침착한 태도로 공격을 제압한다

공격해 오는 상대에게 약한 모습을 보여서는 안 된다.
침착한 태도로 용납하지 않겠다는 자세를 취하면 상대는 더 이상
공격하지 못하게 될 것이다.

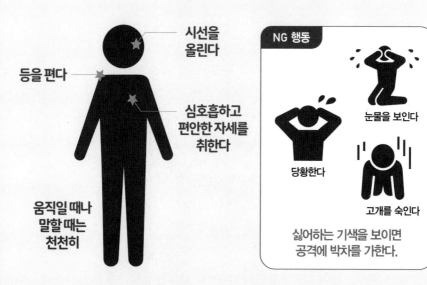

시선을
올린다

등을 편다

심호흡하고
편안한 자세를
취한다

움직일 때나
말할 때는
천천히

NG 행동

눈물을 보인다

당황한다

고개를 숙인다

싫어하는 기색을 보이면
공격에 박차를 가한다.

말로 공격하는 사람에게서 자신을 보호하는 방법

칼럼 ❸
COLUMN

우울증에서 헤어나지 못하는 것은 '네거티브 트라이앵글' 탓이다

우울한 상태에 있는 사람은 왜곡되게 생각하는 경우가 있다. 이를 '인지의 왜곡'이라고 한다. 인지의 왜곡이 생기면 '네거티브 트라이앵글'이라는 일정한 사고의 흐름이 반복될 수 있다.

'시험에 떨어졌다. 내 뜻대로 되는 게 없다(자신에 대한 부정적인 생각).' →
'이렇게 된 것도 전부 세상 탓이다(세상이나 환경에 대한 부정적인 생각).' →
'어차피 앞으로도 좋을 일은 없을 것이다(장래에 대한 부정적인 생각).' →
'역시 내 뜻대로 되는 게 하나도 없다(자신에 대한 부정적인 생각).'
이렇게 부정적인 생각이 반복되면 우울증이 더욱 악화된다.

네거티브 트라이앵글에 빠졌을 때는 다음과 같이 다른 견해나 생각을 찾아보자.
'나는 안 되는 인간이다.' → '나만 실패하는 것은 아니다.'
'앞으로 좋은 일 따위는 있을 리가 없다.' → '앞날은 모른다. 좋은 일이 있을지도 모른다.'
우울증에서 벗어나려면 이렇게 부정적인 시각이나 생각을 바꿔 인지의 왜곡을 바로잡아야 한다.

네거티브 트라이앵글에서 헤어나지 못하면 우울증 상태가 계속된다.

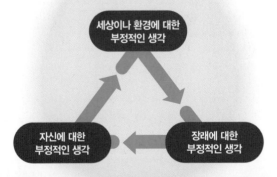

제 4 장

남녀가 느끼는
스트레스가 다르다

27 논리적인 남자는 스트레스에 약하다

문제를 끌어안고 있어도 말로 표현하지 않는다

언어학적으로 말하면, 남자는 논리적인 사고를 하는 사람이 많고 여자는 감각적인 사고를 하는 사람이 많다.

남자들은 대부분 머릿속으로 미리 줄거리를 잡고 말을 골라 발언한다. 이에 반해 여자들은 논리와 관계없이 감정대로 말을 하는 경우가 많다.

SNS 등 인터넷에 글을 올릴 때 여자들은 그곳의 라이브 정보를 올리는데, 이는 느낀 점이나 생각한 것을 곧바로 말로 표현하는 특성이 있기 때문이다. 한편, 남자들은 감정을 언어화하는 데 서툴기 때문에 어떤 문제를 다른 사람에게 말로 잘 표현하지 못할 수 있다. 그 결과, 혼자 고민하고 정신적으로 힘들어하는 등 스트레스에 잘 대처하지 못하는 측면이 있다.

남자가 스트레스에 약한 측면을 또 한 가지 소개하면 남자에게는 언제나 자신의 포지션에 신경 쓰는 습성이 있다. 회사를 예로 들면, 리더는 누구인지, 동료나 후배와의 파워 밸런스(힘의 균형)는 어떤지 등 항상 자신을 타인과 비교하고 라이벌의 존재를 의식한다.

이런 습성은 부부나 연인 관계에서도 드러난다. 이런 습성 때문에 파트너에게 말싸움에서 지는 것만으로도 열등감을 느끼는 남자들도 있을 정도이다. 타인과의 힘의 관계나 자신의 위치에 신경 쓰는 남성은 사소한 일에도 스트레스를 받기 쉽다.

남자들은 무리 안의 위치에 신경 쓴다

누가 이 그룹의
리더야?

누가 위이고
누가 아래지?

남자들은 무리 안의 자기 위치에 신경 쓰며 항상 라이벌을 의식한다.
이 사고는 남자에게 많지만, 여자에게도 있다.

논리적인 남자는 궁지에 몰리기 쉽다

남자는 논리적으로 틀리지 않는지를 중시하기 때문에 고민을 언어로 표현하는 데 서툴다.
남에게 털어놓지 못하고 끌어안고 있다가 한계에 다다르면 자살하는 사람도 있다.

고민
↓
말로 표현하기
어려워.

혼자서 끌어안고 있다가
한계에 이른다.

논리적인 남자는 스트레스에 약하다

28 남자들은 '도전 반응'으로 스트레스를 해소한다

고민이나 괴로움을 발판으로 도전한다

사람이 스트레스를 받으면 '도전 반응'이나 '배려 반응' 중 하나의 반응이 일어난다(24페이지 참조).

도전 반응이란, 스트레스를 받았을 때 그 반동으로 뭔가에 도전하려는 마음이 솟구치는 것을 말한다. 예컨대 스트레스의 원인이 된 실패로부터 배워, 다음 기회에는 보다 좋은 결과를 얻으려는 노력이 이에 해당한다. 실패라는 스트레스를 받아 그걸 되받아치려는 마음이 생긴 것이다. 만약 실패하지 않았다면 아무것도 변하지 않았을지도 모른다.

이렇게 부정적인 사건이 계기가 돼 그 반동으로 큰일을 완수하는 것을 '리바운드 효과(반동 효과)'라고 한다. 예를 들어 공을 바닥에 떨어뜨리면 작게 튀어 오르지만 세게 떨어뜨리면 반동으로 크게 튀어 오른다. 이와 같은 효과가 스트레스를 받을 때도 나타난다고 할 수 있다.

괴로울 때도 사람들에게 터놓지 않고 스스로 문제를 해결하려고 하는 유형이 많은 남성에게는 비교적 '도전 반응'이 일어나기 쉽다. '어떻게든 해야겠다'는 긍정적인 마음이 자신에게 힘을 실어 주는 것이다. 정신적인 타격에 굴하지 않고 오히려 그것을 발판으로 문제 해결을 도모하거나 새로운 세계를 개척하기도 한다. 이런 행동을 유발하는 것도 스트레스의 뛰어난 효능 중 하나이다.

남성은 '도전 반응'으로 다음 기회를 얻는다

도전 반응이란, 스트레스를 받은 반동으로 도전하려는 마음이 솟구치는 것을 말한다.
여성에 비해 남성에게 이런 반응이 많이 일어난다.

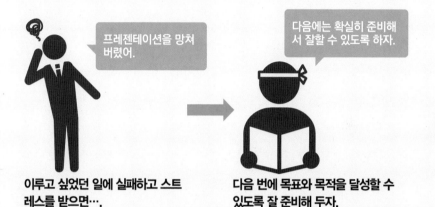

프레젠테이션을 망쳐 버렸어.

다음에는 확실히 준비해서 잘할 수 있도록 하자.

이루고 싶었던 일에 실패하고 스트레스를 받으면….

다음 번에 목표와 목적을 달성할 수 있도록 잘 준비해 두자.

아드레날린으로 의욕이 UP된다

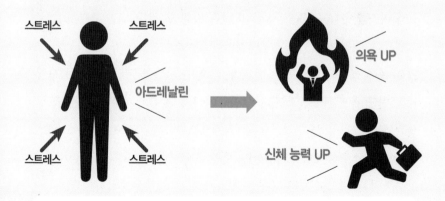

스트레스

스트레스

아드레날린

스트레스

스트레스

의욕 UP

신체 능력 UP

스트레스를 받으면 호르몬의 일종인 아드레날린이 분비된다.
아드레날린은 의욕과 집중력, 신체 능력을 높이는 작용을 한다.

남자들은 '도전 반응'으로 스트레스를 해소한다

29 여성은 인간관계에서 받는 스트레스가 특히 많다

자신의 입지를 구축하려는 여성

인간관계가 스트레스의 원인이 되는 경우가 많다. 특히, 여성은 인간관계 속에서 자신의 입지를 구축하는 데 중점을 두는 경향이 있다. 그 까닭에 누군가와 갈등이 있거나 자신의 입지를 구축하지 못하면 스트레스를 받을 때가 많다.

친구 사이는 물론, 이웃이나 아이 친구의 엄마 사이에서도 마찬가지이다. 직장 생활을 하는 여성이라면 상사나 동료, 후배와의 힘의 관계나 거리감을 파악해 자신의 위치를 알아야 한다.

더욱이 직장에서 하는 일에 대한 평가도 스트레스 요인이다. 이렇게 여성들은 대인관계와 일, 생활 속에서의 불안이나 불만 등 다양한 스트레스와 마주한다.

이러한 중압감을 떨쳐버리기 위해서는 남에게 자신의 마음을 터놓음으로써 '감정을 정리하는 것'이 중요한데, 이런 면에서 여성은 앞에서도 언급한 것처럼 감정을 언어로 잘 표현한다(24페이지 참조). 고민이나 괴로움을 주위 사람에게 터놓는 데도 남성만큼의 저항이 없는 것이다. 대화를 통해 스트레스를 잘 발산할 수 있는 유형이 많기 때문에 '여성은 스트레스에 비교적 강하다'라고 할 수 있다.

여성은 인간관계에서 쉽게 스트레스를 받는다

여성은 인간관계 속에서 갈등이 있거나 자신의 입지를 구축하지 못하면
스트레스를 받는 경향이 있다.

인간관계에서 생기는 갈등

집단 내에서 타인과의 분쟁이 생기면 스트레스를 받기 쉽다.

집단 내의 고립

집단 생활에 잘 적응하지 못하는 등 자신의 입지를 구축하지 못하면 스트레스를 받기 쉽다.

여성은 남성보다 스트레스에 강하다

여성은 무슨 일이 있을 때 바로 주위에 터놓을 뿐 아니라
감정을 말로 표현하는 데도 능하기 때문에 스트레스를 보다 잘 발산한다.

남에게 터놓는다

남에게 터놓으면서 자신의 감정을 정리한다.

스트레스 발산

여성은 남성보다 감정을 말로 잘 표현한다.

30 여성은 '배려 반응'으로 스트레스를 해소한다

여성은 고민이나 괴로움을 남과 잘 공유한다

앞에서 언급한 것처럼 사람은 스트레스를 느낄 때 '도전 반응'이나 '배려 반응'을 나타내는데, 여성은 특히 '배려 반응'으로 스트레스를 해소하는 사람이 많다(70페이지 참조).

배려 반응이란, 다른 사람과 관계를 형성하면서 어려움이나 위기를 벗어나려는 것이다. 배려 반응에는 스트레스를 느낄 때 분비되는 옥시토신이라는 호르몬이 관여한다. 이 호르몬은 다른 사람과 교류하고 싶은 마음이 생기는 데 작용하기 때문에 고민이나 불만을 가족이나 친구에게 터놓음으로써 스트레스를 극복하려고 한다.

원래 여성은 감정을 언어로 잘 표현한다. 더욱이 속마음을 남에게 털어놓는 데도 저항이 없기 때문에 '배려 반응'으로 스트레스에 대처하는 경우가 많다.

누군가와 교류하고 싶은 마음은 사람을 돕거나 새로운 사랑을 하는 등 주위 사람에 대한 배려나 애정 형태로도 나타난다. 재해로 피해를 입은 사람들이 서로를 위로하고 돕는 것도 '배려 반응'의 하나이다.

배려 반응도 도전 반응과 마찬가지로 긍정적인 사고와 행동을 낳는다. 이로부터 알 수 있는 것은 스트레스는 부정적인 것이 아니라는 것이다. 어떻게 생각하고 어떻게 대처하느냐에 따라 긍정적인 변화를 만드는 계기가 될 수도 있다.

여성은 배려 반응으로 스트레스를 극복한다

배려 반응은 다른 사람과 함께 위기를 극복하려는 반응이다.
여성은 남성보다 배려 반응으로 스트레스에 대처하는 사람이 많다.

사귀던 사람과
헤어졌다.

누군가와 함께
있고 싶다!

이별 후 정신적 충격으로 스트레스를 받으면….

누군가에게 이 사실을 털어놓고 싶어지기도 하고 사람이 그리워지기도 한다.

옥시토신이 불안과 걱정을 덜어 준다

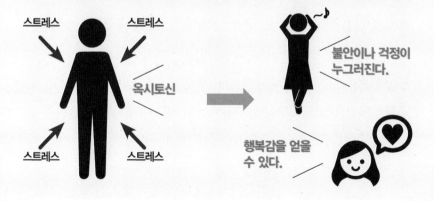

스트레스   스트레스

옥시토신

스트레스   스트레스

불안이나 걱정이
누그러진다.

행복감을 얻을
수 있다.

스트레스를 받으면 호르몬의 일종인 옥시토신이 분비된다. 옥시토신은
불안과 걱정을 가라앉히거나 행복감을 높이는 작용을 한다.

여성은 '배려 반응'으로 스트레스를 해소한다

31 '털어놓을 수 있는 존재'가 스트레스 발산의 비결

자신이 하는 말을 잘 들어 주는 사람이 있으면 안심된다

사람은 누군가에게 자신을 털어놓아야만 머릿속이 정리되고 스트레스도 덜어진다. 자신의 고민이나 걱정거리를 들어 줄 만한 상대가 없다면 멘탈 붕괴에 빠질 수 있다. 이것이 바로 가족이든, 친구이든 자신과 마주해 주는 존재가 필요한 이유이다.

그렇다고 해서 누구라도 말 상대로 괜찮은 것은 아니다. 차분히 들어 주고 상대방의 입장에서 생각하고 공감해 주는 사람이 이상적이다. 주변에 이런 좋은 사람이 있으면 지친 마음도 치유되고 정신적으로도 안정돼 스트레스의 중압감에서도 벗어날 수 있다. 입장이 바뀌어 다른 사람이 상담을 요청했을 때도 마찬가지이다. 들어 주는 사람에게 필요한 것은 무엇보다 상대방이 하는 말을 잘 듣고 공감해 주는 일이다.

그때 '힘들었겠다'거나 '괴로웠겠다'라는 위로의 말을 해 주면 상대방의 마음이 가벼워진다. 공감의 마음을 나타내는 이 표현은 정신건강의학과 의사들도 많이 쓴다. 상대의 말을 들어 줄 때는 너도 잘한 건 아니라는 식으로 나무라거나 비난하는 표현을 해서는 안 된다. 솔직하게 한 말이라 해도 상대방에게 또 다른 스트레스를 줄 수 있기 때문이다.

남에게 털어놓는다

인간은 누군가에게 하고 싶은 말을 해야 머릿속이 정리되고 스트레스가 줄어든다.
자신의 이야기를 들어 주는 상대가 있는 사람은 병에도 걸리지 않는 경향이 있다.

> 회사에서 상사한테 심한 소리 들었어.

> 그렇게 말하다니 너무해!

> 힘들었겠다.

> 괴로웠겠다.

> 주위 사람들도 방관하기만 했어.

다른 사람에게 털어놓으면 마음이 정리돼 '나도 잘못한 게 있었는지도 모른다'거나 '내일부터 다시 힘내자' 식의 발전적인 자세를 취하게 된다.

듣는 사람은 되도록 자신의 의견을 내세우지 말고 무조건 공감해 주는 것이 중요하다.

무엇이든지 털어놓을 수 있는 상대를 찾는다

누군가에게 털어놓거나 공감받는 것만으로도 스트레스는 줄어든다.
특히, 혼자 있는 시간이 많은 사람은 무엇이든지 털어놓을 수 있는 사람을 찾아보자.

가족	SNS	친구

가족에게 전화를 하는 등 가족과의 유대를 강화한다.	SNS상에서 무슨 말이든 할 수 있는 상대를 찾는다.	취미 등을 통해 새로운 친구를 만든다.

'털어놓을 수 있는 존재'가 스트레스 발산의 비결

32 상대방의 행동에 짜증이 나면 '상황' 탓으로 돌려 보자

성격 탓이 아니라 상황 탓이라 생각하라

인간은 남이 하는 행동의 원인을 '상황 탓'이 아니라 '성격 탓'으로 돌리는 경향이 있다. 우리는 남이 지각을 하거나 약속을 지키지 않으면 원래 그런 사람이라거나 불성실한 사람이라며 상대방의 성격 탓을 많이 한다. 그럴 수밖에 없는 이유가 상대에게 있다 하더라도 우리는 좀처럼 상황 탓으로 돌리지 못한다. 이러한 인간의 심리는 여러 심리학자의 실험에서도 입증되고 있다.

이런 사고 패턴은 가족이나 부부, 연인 등 친분이 깊은 사이에서 특히 두드러진다. 예를 들어 상대가 자신이 부탁한 용무를 잊어버리면 정신을 다른 곳에 두고 다니기 때문이라는 등 성격을 탓하며 짜증을 낸다. 가까운 관계일수록 감정적이 돼 무의식적으로 스트레스를 주기가 쉽기 때문이다.

다른 사람의 행동에 짜증이 났을 때는 상대방이 처한 상황을 생각해 보자. 예를 들어 일상생활 패턴이나 역할 등을 냉정하게 확인해 보는 것이다. 만약, 자신이 같은 상황에 있다면 어떻게 했을지 상대방의 입장이 돼 상상해 보라. 그러면 반드시 성격이 원인이 아니라 상황에 따라 행동한 결과라는 것을 알 수 있을 것이다. '이런 경우엔 어쩔 수 없지'라고 이해하면 마음도 가벼워지고 짜증 나는 일도 적어진다.

친한 상대일수록 성격 탓을 한다

인간은 사람이 행동하는 원인을 상황이 아닌 성격에서 찾는 경향이 있다.
부부나 연인, 가족 등 관계가 가까울수록 무의식적으로 스트레스를 주며 성격 탓을 한다.

연인의 경우

직장을
그만 뒀어요.

맨날 툭하면
그만둔다니까!

친구의 경우

직장을
그만뒀어요.

직장이 잘
안 맞았나 보네.

상대의 입장을 상상해 보는 것이 좋다

힘들겠구나.

영업

야근

출퇴근

영업 목표

그 입장을 생각해 보면
➡ '상황에 따른 것'이라고
판단할 수 있다.

상대방의 행동에 짜증이 나면 '상황' 탓으로 돌려 보자

33 부부 관계를 개선시켜 '코로나 이혼' 막는다

상대방이 '해 준 일'을 마음속에 담아 둔다

　　　신종 코로나바이러스의 영향으로 집에 있는 시간이 늘어나면서 부부 사이에 문제가 생기는 경우가 많다. 이혼이나 별거를 생각했다는 사람도 있을 정도이다.

　심리학에는 '호의의 보답성'이라는 원리가 있다. 이것을 단적으로 말하면, '자신이 호의를 보이면 상대방도 호의를 돌려 준다'라는 것이다. 하지만 호의가 반드시 상대에게 전해진다고는 할 수 없다. 부부 사이에 '나는 이만큼 하는데 당신은 그만큼 해 주지 않는다'라는 불만이 분출되는 것이 그 예이다. 이러한 일방통행의 호의가 점점 심해지면 좋은 관계를 유지할 수 없게 된다.

　미국의 심리학자 트라피모 아멘다리즈는 학생 400명을 대상으로 한 실험에서 '자신이 남에게 해 준 친절한 행동'과 '남이 자신에게 해 준 친절한 행동'을 써 보게 했는데, 전자가 후자의 35배에 달했다. 이것은 남에게 베푼 것은 기분 좋은 경험으로서 강하게 마음에 남는데 반해, 남에게 받는 친절은 빚지는 것 같은 심리가 작용해 무의식중에 잊어버리는 경향이 강하다는 것을 보여 준다. 즉, '자기만 손해를 보고 있다'라는 감정을 품고 있는 사람도 상대로부터 받은 호의를 잊고 있을 뿐인지도 모른다. 이런 갈등을 해소하려면 '해 준 것(호의)'보다 '받은 것(감사)'을 마음에 남겨 둬야 한다. 호의와 감사의 선순환이 이뤄지면 부부 사이도 더욱 좋아질 것이다.

'자신이 해 준 일'을 35배 더 잘 기억한다

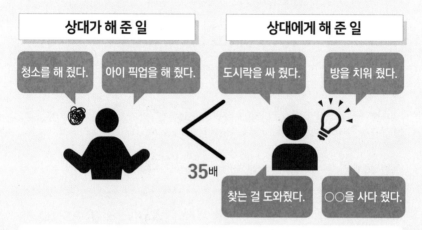

인간은 남이 해 준 친절한 행동보다 자신이 남에게 해 준 친절한 행동을
35배 더 잘 기억한다.

호의와 감사의 선순환이 원만한 부부관계의 비결

부부관계를 원만하게 유지하기 위해서는 호의(자신이 해 준 것)보다
감사(상대가 해 준 것)를 마음에 두는 것이 중요하다.

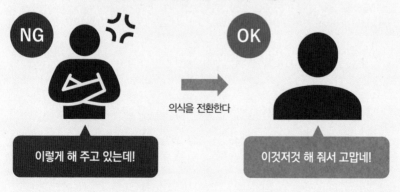

부부 관계를 개선시켜 코로나 이혼 막는다

이혼 가능성을 알아보는 심리 테스트, '프리페어'

친한 사람은 자신과 같은 의견을 갖고 있을 것이라고 생각한다. 하지만 아무리 가까운 사이라도 모든 생각이 같을 수는 없다. 이 때문에 연인이나 부부 사이에 의견 차이가 있을 때 '이런 사람인 줄은 몰랐다'라는 반응을 보이는 경우가 있다. 의견 차이가 심한 경우, 관계가 틀어지기도 하고 이혼에 이르기도 한다.

이런 오해를 줄이기 좋은 심리 테스트가 바로 '프리페어(Prepare)'이다. 이 테스트는 결혼한 커플이 3년 이내에 이혼할 것인지를 약 85%의 확률로 예측할 수 있다고 한다. 실제로는 125개의 문항이 있는데, 지면 관계상 대표적인 13개 문항만 추려 소개한다.

Q UESTION

미혼자이든 기혼자이든 파트너를 속으로 생각하면서 YES인지, NO인지 대답하면 된다.

1 파트너의 행동에 짜증 날 때가 많다.

2 파트너는 툭하면 화를 낸다.

3 파트너가 질투심을 드러내는 일이 많다.

4 파트너의 바람기가 걱정된다.

5 파트너와 자주 말다툼을 한다.

6 자신과 파트너의 취미 생활이 다르다.

7 결혼 후의 수입 등 금전 면에 대해 불안하다.

8 친척이나 친구 중 자신의 결혼에 대해 걱정하는 사람이 있다.

9 파트너의 친척이나 친구 중 별로 좋아하지 않는 사람이 있다.

10 자녀를 몇 명 두고 싶은지에 대한 의견이 일치하지 않는다.

11 아이들의 교육이나 훈육에 대한 의견이 일치하지 않는다.

12 파트너가 성적으로 강요하거나 거부하는 일이 있다.

13 파트너와 성적인 취향이 다른 것 같다.

> 13가지 질문 중 7개 이상이 YES라면, 그 결혼은 '요주의'라고 할 수 있고, YES의 수가 많을수록 이혼할 가능성이 있다. 다만, 이 테스트의 주목적은 이를 계기로 둘 사이의 문제점을 깨닫는 것이다. 그리고 그 과제를 결혼 전, 결혼 후에 둘이 대화하면서 문제를 해결하는 데 의의가 있다. 테스트를 하나의 기회로 삼아 다시 상대와 정면으로 마주할 기회가 생긴다면 그것도 수확이라고 할 수 있을 것이다.

제 **5** 장

스트레스에 휘둘리지 않는
생활 습관

34 빠른 보상으로 스트레스를 회피하라!

열심히 사는 사람에게는 '마음의 피난처'가 있다

스트레스를 쌓아 두지 않는 사람에게는 공통점이 있다. 취미나 휴식 등으로 긴장을 풀고 잠시 평온의 시간을 갖는다. 다시 말하면 '마음의 피난처' 하나 정도는 갖고 산다. 무겁게 내리누르는 현실을 피해 마음을 쉬게 함으로써 스트레스를 해소하는 것이다.

독서, 음악 감상, 좋아하는 카페 가기, 친구 만나기, 반려동물과 놀기처럼 '이것만 있으면 되는 것 한두 가지는 있어야 스트레스를 그때그때 해소할 수 있다. 대상은 사람이든, 물건이든, 장소이든 상관없다. 의존증으로 발전하기 쉬운 것만 피하면 된다. 음주나 흡연, 도박, SNS에 글을 올리기처럼 빠져들면 악영향을 미치는 보상은 마음이 불안정해지기 쉬우므로 하지 않는 것이 좋다.

중요한 것은 이런 '마음의 피난처'를 건강할 때 준비해야 한다는 점이다. 좋지 않은 상태가 되고 나서는 이미 때가 늦다. 그냥 막연하게 머리로만 생각할 것이 아니라 스마트폰이나 수첩 등에 기록해 언제든지 즉시 볼 수 있도록 해 두는 것이 좋다.

마음이 무너질 것 같을 때는 방전되기 전에 그곳으로 피한다. 몸과 마음이 너무 지쳤을 때 충전하려고 하면 회복되는 데 시간이 걸린다. 아직은 괜찮다고 느낄 정도의 타이밍에 마음의 에너지를 공급하면 적은 에너지로도 큰 효과를 볼 수 있다. 열심히 사는 사람일수록 빠른 보상으로 마음을 풀어 주는 것이 좋다.

에너지 충전 방법을 리스트로 만들어 둔다

자신에게 에너지가 되는 것을 목록으로 만들어 스마트폰이나 메모장에 기록해 두자.

에너지 충전 목록

- 마음에 드는 레스토랑에서 식사하기
- 치즈 케이크 먹기
- 온천 가기
- 만화 읽기
- 드라마 보기
- 음악 듣기
- 미술관 가기
- 미스터리 소설 읽기

× **NG**
- 음주
- 흡연
- 끝없는 게임
- SNS 업로드

마음의 의존으로 이어지기 쉬운
취미와 행동은 피하는 것이 좋다.

마음의 에너지는 방전되기 전에

조금 있으면 방전될 것 같아.

방전되기 전에 에너지 공급!

마음의 에너지는 빨리 보충하는 것이 좋다. '아직 괜찮다', '피곤하지 않다'라고 생각될 때 보충해야 '정말 이제는 안 되겠다'라고 생각될 때 보충하는 것보다 효율적이다.

35 어쨌든 햇볕을 쬐는 것이 좋다

관건은 신경전달물질인 세로토닌

의학적으로 일조 시간과 우울증 사이에는 밀접한 관계가 있다. 일상적으로 햇볕을 쬐는 사람은 그렇지 않은 사람에 비해 우울증 발병률이 낮다.

87페이지에 소개한 것처럼 일본의 총무성(우리나라의 행정안전부에 해당)에서 발행한 국가별 자살 사망률 조사를 살펴보면 일본처럼 고위도에 있어 일조 시간이 짧은 나라에서 자살을 많이 한다는 것을 알 수 있다. 이 한 가지만으로 일조 시간이 짧으면 우울증으로 인한 자살이 많다고 단언할 수 없지만, 적어도 위도와 자살에는 관련이 있다는 것은 분명하다.

도대체 왜 햇볕을 쬐는 시간이 적으면 우울해질까? 관건은 세로토닌이라 불리는 뇌 내의 신경전달물질이다. 세로토닌은 마음의 균형을 잡아주는 신경 안정제와 같은 작용을 한다. 그래서 이 물질이 부족하면 스트레스나 초조감이 심해지고 불면증이나 우울증 증상을 보이게 되는 것이다.

세로토닌의 작용을 활성화하기 위해서는 햇볕을 충분히 쬐는 것이 좋다. 태양의 빛이 망막을 자극하면 분비가 촉진된다. 일조 시간이 짧고 햇볕을 쬐는 시간이 적으면 세로토닌의 분비량이 줄어들기 때문에 우울증이 생길 위험이 높아진다. 하루 30분 정도 햇볕을 쬐기만 해도 세로토닌에 따른 스트레스 감소와 우울증 예방 효과를 기대할 수 있다.

세계 자살 사망률 상위 10개국

1위 리투아니아
9위 라트비아
4위 벨라루스
3위 러시아 연방
8위 일본
6위 카자흐스탄
2위 한국
7위 헝가리
10위 슬로베니아
5위 가이아나

출처: '자살 사망률의 국제 비교' 세계보건기구(WHO：World Health Organization)의 자료에 근거해 총무성이 작성

5위인 가이아나 이외에는 일본과 비슷하거나 좀 더 고위도에 위치해 있어 일조 시간이 짧은 나라이다.

일광욕으로 세로토닌 분비량 UP

세로토닌 분비

세로토닌의 작용

• 정신을 안정시킨다.
• 뇌가 활발하게 움직이게 한다.

 부족하면

• 스트레스가 쌓이기 쉽다.
• 공격성이 높아진다.
• 불면증, 우울증, 공황장애 등 정신 증상을 일으킨다.

36 수면 시간이 짧아도 건강에 해롭지는 않다

'단시간 수면은 건강에 해롭다'라는 말은 오해

수면 시간에 집착한 나머지 오히려 그것이 스트레스로 작용해 괴로워하는 사람들이 있다. 여러분도 '7시간 이상 수면을 취해야 오래 산다', '8시간 수면이 이상적'이라는 말을 어디선가 많이 들어 봤을 것이다.

하지만 흔히 말하는 7시간 수면은 사실 근거 없는 낭설에 불과하다. 개개인의 생활 패턴이 다르고 건강 상태가 다르다. 그러므로 일률적으로 '7시간 수면을 취하는 것이 좋다'라고 말할 수는 없을 것이다. '수면 시간이 짧다 = 건강에 나쁘다'라는 말은 완전히 잘못된 견해이므로 수면 시간에 집착할 필요는 없다고 생각한다.

실제로 나의 수면 시간은 하루에 2~4시간 정도이지만, 건강상의 문제가 없고 일하는 데도 지장이 없다. 다만, 나는 파워냅(기력을 회복하기 위한 낮잠)이라 불리는 단시간 낮잠을 실천하고 있다. 말하자면 10분 정도의 질 높은 낮잠을 자는 것이다.

단시간 동안 자는 낮잠은 뇌의 기능을 향상시켜 판단력과 집중력이 높아지고 의욕이 생기는 등의 효과가 있다. 파워냅은 구글이나 애플과 같은 세계적인 기업들도 사원들에게 추천하고 있다.

앉아서 등받이에 기대거나 책상에 엎드려 쉬기만 해도 좋다. 10~20분 정도 눈을 붙이기만 하면 기분이 상쾌해지고 기력이 회복돼 활력이 생긴다. 여러분도 한번 시도해 보길 바란다.

'7시간 수면이 베스트'라는 설은 근거 없다

흔히 7시간 수면이 가장 좋다고 하지만 근거는 없다.
'수면시간이 짧다 = 건강에 해롭다'라고 할 수 없으므로 졸리지 않으면
억지로 잘 필요가 없다.

잠이 안 와.

잠을 안 자면 건강하지
못하다는 오해가 스트
레스를 낳는다.

안 자도 돼!

졸릴 때까지 좋아하
는 일을 하면 된다!

파워냅(Power Nap)을 취하는 법

빛을 가린다
안대를 끼거나 어두운 곳으로
이동하거나 빛을 차단하면 수
면의 질이 올라간다.

눕지 않는다
책상에 엎드리거나 등받이에
기대어 자는 것이 베스트! 눕
지 않으면 목에 있는 교감신
경절이 자극을 받아 깊은 잠
에 빠지는 것을 방지한다.

카페인 섭취
카페인의 각성 효과는 마신 후
약 20∼30분 후에 나타나므로
잠들기 직전에 커피나 홍차, 녹
차 등을 마시면 상쾌하게 깨어
난다.

**20분 정도
수면을 취한다**
알람을 설정해 놓고 20분 정
도 단시간 수면을 취한다. 깊
은 잠에 빠져버리면 잠에서
깨어나기 어렵다.

수면 시간이 짧아도 건강에 해롭지는 않다

37 음주와 흡연은 새로운 스트레스를 낳는 원흉

의존증이 새로운 스트레스를 낳는다

'술을 마시면 굳었던 몸과 마음이 시원하게 풀린다'라는 사람도 있고, '담배만이 기분 전환의 수단'이라고 생각하는 사람도 있다. 적당량이라면 술이나 담배도 정신적으로 좋은 영향을 미친다고 생각하기 쉽다. 하지만 음주나 흡연을 하지 않고 스트레스를 해소하는 사람이 있는 점으로 보아 이는 단순한 생각이라는 것을 알 수 있다.

스트레스를 받고 술을 마시면 '술을 마시고 싶다'라는 스트레스는 풀리지만, 원래 스트레스의 원인이 되는 문제는 하나도 해결되지 않는다. 술을 마시면 일시적으로 마음이 풀리고 기분이 좋아지기도 한다. 하지만 술이 깨면 달라진 게 없는 현실로 되돌아가는 것이다.

음주나 흡연으로 풀 수 있는 스트레스는 술이나 담배가 떨어졌을 때 받는 스트레스뿐이다. 애초에 술이나 담배에 의존해 스트레스를 해소하려고 하는 것 자체가 새로운 스트레스를 낳게 된다. '술이 없으면 마음이 편치 않다'라거나 '담배가 떨어지면 짜증난다' 식으로 스트레스를 해소하기 위한 의존이 새로운 스트레스가 되는 것이다. 이런 스트레스를 낳는 도식이 알코올이나 니코틴에만 있는 것은 아니다. 인터넷이나 도박, 게임 등도 이와 같은 현상이 나타난다. 스트레스를 해소하려 한다면 '빠지는 것'은 피하고 의존도가 낮은 즐거움을 찾아보자.

의존증이 새로운 스트레스를 낳는다

술을 마시지 않았을 때	술을 마셨을 때	술 기운이 떨어졌을 때

술을 마시거나 담배를 피우면 스트레스가 해소되기는커녕 새로운 스트레스를 떠안게 된다.

'착각'임을 깨닫는 것이 탈의존의 최선책

의존에서 탈피하는 방법은 세 가지가 있지만, 정신력으로 버티기는 어렵고 물리적인 격리로는 욕구 자체에서 벗어나기 힘들다. 욕구를 줄일 수 있는 최선의 수단은 스트레스의 원흉은 의존이라는 '진실'을 아는 것이다.

① 정신력으로 버틴다

이제 그만 끊자는 결심은 매우 약해 시간이 지나면 재개될 가능성이 높다.

② 물리적으로 격리한다

끊고 싶은 것을 물리적으로 손에 넣지 않는 방법이다. 욕구는 사라지지 않기 때문에 고통이 계속된다.

③ 진실을 이해한다

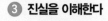

의존한다고 해서 스트레스가 줄어들지 않고 오히려 스트레스의 원흉이 된다는 사실을 깨닫고 욕구를 줄이는 방법이다.

38 자신감이 넘치는 최강 포즈 & 호흡법

마음을 안정시키는 마인드풀니스 심호흡

등을 곧게 펴고 서 있으면 어딘가 늠름하고 당당한 인상을 준다. 겉모습뿐만 아니라 실제로 가슴을 펴고 바른 자세를 취하면 자신감이 생긴다.

스페인 마드리드 대학의 심리학과 교수 파블로 브리뇰(Pablo Brinol)은 학생들을 '좋은 자세'와 '나쁜 자세' 그룹으로 나눈 후 미래의 일과 인생에 대해 질문했다. 그 결과, 등을 곧게 편 자세를 취한 그룹은 미래에 대해 긍정적인 발상을 한 반면, 고개를 숙이거나 고양이 자세 등을 한 그룹은 부정적인 발상을 했다고 한다. 이 결과를 보면 '자세와 마음이 연결돼 있다'라는 것을 알 수 있다.

자신감에 넘쳐 있을 때는 누구나 가슴을 펴고 시원시원하게 말한다. 하지만 불안이나 고민이 있으면 등을 웅크리고 고개를 숙인 자세를 취하기 쉽다. 그러므로 마음이 가라앉을 때는 자세부터 가다듬는 것이 좋다.

마음챙김*을 이용한 심호흡을 해 보는 것도 움츠러드는 기분을 살리는 데 좋다. 중요한 점은 부교감신경을 우위에 두고 긴장을 풀기 위해 단지 심호흡을 하는 것이 아니라 들이쉬고 내쉬는 숨을 느끼는 것이다. 코로 숨이 들어오는 느낌, 공기의 온도 등을 느끼면서 있는 자신에게 의식을 돌린다. 이렇게 하면 마음이 편안해지고 긍정적인 자세로 자신을 바라볼 수 있게 된다.

---

* 마음챙김: 개인의 내적 환경이나 외부 세계의 자극과 정보를 알아차리는 의식적 과정. 불면, 자율신경실조증 및 각종 신경증과 관련하여 호흡이완명상이나, self-biofeedback 기법에서 쓰이는 용어. (감역자 주)

자신감이 생기는 최강 포즈

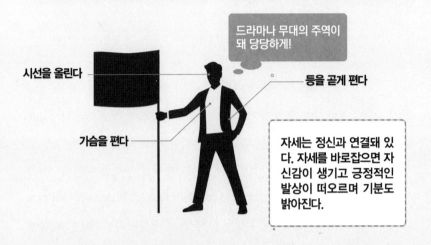

드라마나 무대의 주역이
돼 당당하게!

시선을 올린다

등을 곧게 편다

가슴을 편다

자세는 정신과 연결돼 있
다. 자세를 바로잡으면 자
신감이 생기고 긍정적인
발상이 떠오르며 기분도
밝아진다.

마음이 편안해지는 호흡법

마인드풀니스를 활용한 심호흡을 하면 마음이 편안해진다.
부교감신경이 우위가 돼 긴장이 풀리기 때문이다.

코로 천천히 들이마
신다. 배를 부풀리듯
이 깊게 들이마신다.

코로 천천히 내뱉는다.

\ 포인트 /

무심코 심호흡하는 것이 아니라 호흡을
'느끼는' 것이 중요하다. 코로 들어오는 공
기의 온도와 움직임에 집중해 보자.

호흡에 집중하면 의식이 '지금의 자신'에게
향하기 때문에 마음이 편안해진다.

39 탄수화물보다 단백질을 섭취한다

우울증 예방에는 육류 등 단백질이 효과적이다

탄수화물, 단백질, 지질은 우리 몸을 지탱해 주는 3대 영양소이지만, 우울 증세나 증상이 있는 사람은 탄수화물(당질)을 과다 섭취하지 않도록 주의해야 한다. 밥이나 빵 같은 당질을 많이 섭취하면 혈당이 급상승한다. 사람은 혈당치가 올라가면 행복감에 휩싸인다. 하지만 급상승한 혈당치를 내리기 위해 대량의 인슐린이 분비되면 이번에는 혈당치가 급격하게 내려가기 때문에 기분이 나빠진다. 이렇게 감정의 기복이 심해지면 우울 증상이 가속될 우려가 있다.

우울증을 앓고 있는 사람은 과식 징후가 나타났을 때 당질을 과도하게 섭취하는 경우가 많다. 음식 취향이 우울증과 연관성이 있는지는 확실하지 않지만, 우울한 기분이 들 때는 당질 대신 단백질이 풍부한 음식을 먹는 것이 좋다.

우울증의 원인 중 하나는 마음의 안정에 영향을 미치는 세로토닌(86페이지 참조)의 결핍이다.

이 신경전달물질은 '트립토판'이라는 필수 아미노산으로부터 합성되므로 트립토판이 많이 함유된 식품을 섭취하면 세로토닌의 양이 유지돼 우울증을 예방하고 증상을 개선할 수 있다. 트립토판은 쇠고기와 붉은 돼지고기, 간이나 치즈 등 고단백 식품에 풍부하게 들어 있다.

당질 섭취 후의 기분 변화

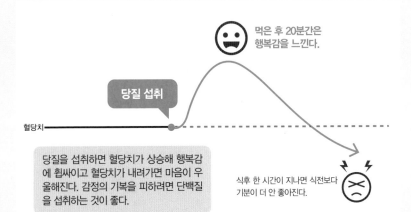

😀 먹은 후 20분간은 행복감을 느낀다.

당질 섭취

혈당치

당질을 섭취하면 혈당치가 상승해 행복감에 휩싸이고 혈당치가 내려가면 마음이 우울해진다. 감정의 기복을 피하려면 단백질을 섭취하는 것이 좋다.

식후 한 시간이 지나면 식전보다 기분이 더 안 좋아진다.

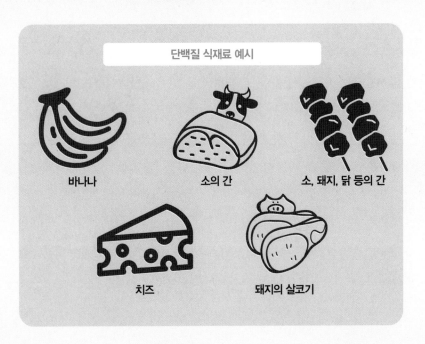

단백질 식재료 예시

바나나

소의 간

소, 돼지, 닭 등의 간

치즈

돼지의 살코기

40 가벼운 운동이 우울증의 발병 위험을 줄인다

스트레스에 휘둘리지 않는 생활 습관

몸에 부담이 되지 않을 정도의 운동으로 충분하다

운동하는 습관이 있는 사람은 우울증 발병 위험이 낮은 것으로 알려져 있다. 침울한 운동선수나 우울증에 걸린 운동선수들의 모습은 상상하기조차 힘들다. 나를 찾아오는 환자를 봐도 매우 말랐거나 통통한 사람이 대부분이고 운동을 하는 듯한 체형은 드물다.

우울증 치료에 효과적인 운동 요법을 연구하는 듀크대 의학센터의 제임스 블루멘탈(James Blumenthal) 박사는 16주 간 운동 요법을 받은 우울증 환자의 경우, 항우울제를 복용한 환자 그룹과 동등한 치료 효과가 있다고 말한다. 정기적으로 몸을 움직이는 것이 우울증에도 일정한 효과가 있다는 것을 알 수 있다.

여기서 말하는 운동이란, 본격적인 근력 트레이닝이나 러닝 같은 것이 아니다. 직장 일이나 집안일처럼 바쁜 일상생활을 하면서 할 수 있는 간단한 운동으로 충분하다. 체조나 스트레칭 등 누구나 할 수 있는 가벼운 운동으로도 우울증 발병 위험을 낮출 수 있다.

포인트는 운동의 강도나 양이 아니라 하루에 몇 분이라도 매일 또는 정기적으로 하는 것이다. 운동이 삶의 한 부분으로 정착되도록 습관을 들여야 한다는 것이다. 몸을 움직이는 편안함을 실감할 수 있게 되면 자연스럽게 스트레스가 쌓이지 않는 정신 상태가 된다.

정신건강의학과에 오는 환자의 특징

또는

통통한 사람　　　**너무 마른 사람**　　　**근육이 잘 발달한 사람**

정신건강의학과 환자의 대부분은 통통하거나 마른 사람이다. 근육이 잘 발달한 사람은 매일 또는 정기적으로 몸을 움직이는 습관이 있어 우울증 발병 위험이 낮은 편이다.

마음에 부담이 되지 않는 가벼운 운동 습관을 기른다

운동을 해야 한다는 부담은 또 다른 스트레스를 낳는다.
몸과 마음에 부담이 되지 않는 가벼운 운동 습관으로도
우울증 발병 위험을 낮출 수 있다.

산책　　　　　**스트레칭**　　　　　**체조**

가벼운 운동이 우울증의 발병 위험을 줄인다

41 분노 발산에는 섀도 복싱이 효과적이다

스트레스는 화풀이를 해도 풀리지 않는다

화가 나거나 짜증이 날 때 당신은 그 스트레스를 어떻게 푸는가? 언성을 높이는가, 사람이나 물건에 화풀이를 하는가? 그것도 아니면 그냥 참고 넘어가는가? 대체 어떤 유형이 스트레스를 덜 받을까?

미국 오하이오주립대 커뮤니케이션학과 브래드 부시먼(Brad Bushman) 교수팀이 특이한 실험을 했다. 학생들을 일부러 화나게 만든 후 두 그룹으로 나누고 한 그룹에는 펀칭머신을 때리게 하고 다른 그룹에는 아무것도 시키지 않았다. 실험 결과, '두 그룹 모두 화를 푸는 방법에는 별 차이가 없는 것으로 나타났다. 펀칭머신을 때리면 분노를 발산할 수 있을 것 같지만, 오히려 화가 더 치민다고 하는 사람도 있었다.

여기서 알 수 있는 것은 '화풀이를 해도 스트레스는 사라지지 않을 뿐만 아니라 더 증폭하는 경우도 있다'라는 사실이다. 스트레스를 풀고 싶다면 뭔가 하려고 하지 말고 가까운 사람에게 하소연을 해 보는 건 어떨까? 다른 사람에게 자신의 기분을 털어놓다 보면 마음이 정리되면서 기분이 풀릴 수 있다. 더 이상적인 해소법은 스트레스를 역이용해 적극적으로 일하는 것이다.

그래도 화가 풀리지 않을 때는 섀도 복싱(권투에서 상대가 앞에 있는 것으로 가정하고 공격과 수비 동작을 연습하는 방법) 같은 것을 해 보면 어떨까? 가상의 상대를 상상하면서 펀치를 반복하다 보면 기분도 상쾌해지고 동시에 운동 부족도 해소할 수 있을 것이다.

물건을 부숴도 스트레스가 해소되지 않는다

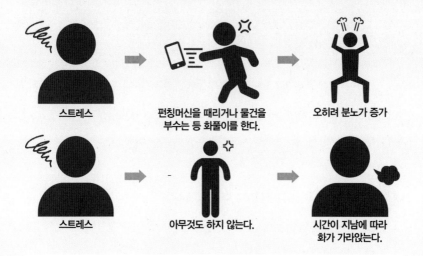

스트레스 → 펀칭머신을 때리거나 물건을 부수는 등 화풀이를 한다. → 오히려 분노가 증가

스트레스 → 아무것도 하지 않는다. → 시간이 지남에 따라 화가 가라앉는다.

물건을 부수는 행위는 스트레스를 증폭시킬 수 있다.
기분은 시간이 지나면 나아지므로 화풀이를 하는 것보다
아무것도 하지 않는 편이 낫다.

섀도 복싱으로 말끔하게 해소하자

뭔가 부수고 싶을 정도로 화가 날 때는 섀도 복싱을 해 보면 어떨까? 기분 좋은 피로감과 함께 마음도 풀릴 것이다.

'치고 싶다', '차고 싶다'라는 분노를 담아 허공을 향해 펀치! 킥!

상대를 몰아붙이는 장면을 상상한다.

운동 부족 해소도 되고 기분도 UP!

분노 발산에는 섀도 복싱이 효과적이다

42 0원으로 스트레스 해소! 한여름 휴양법

스트레스에 휘둘리지 않는 생활 습관

여행지에서의 자극과 개방감이 마음을 편하게 만든다

정신과 환자 중에는 여행을 갔다 온 후 우울증 같은 정신 증상이 개선되는 경우가 많다. 여행을 떠나면 일상과 완전히 분리된 자유를 누릴 수 있고 일상에서는 맛볼 수 없는 자극을 느낄 수 있다. 여행의 묘미라고 할 수 있는 이런 자유와 자극이 마음의 중압감을 풀어 주기 때문에 정신 증상이 개선되는지도 모른다.

일조량이 많은 여행지는 특히 우울증을 완화하는 데 도움이 된다. 예를 들어 해변에 쏟아지는 햇볕을 듬뿍 받으면 몸과 마음이 회복돼 기분이 상쾌해질 수 있다. 그렇다고 여행을 가고 싶을 때 언제든지 떠나기는 현실적으로 쉽지 않다. 그런 의미에서 추천하고 싶은 '한여름 휴양법'이 있다. 독일 정신과 의사 요하네스 하인리히 슐츠(Johannes Heinrich Schultz)가 제창한 '자율 훈련법'이라는 유명한 릴렉세이션(Relaxation) 기법을 바탕으로 바꿔 완성시킨 것인데, **마음속으로 비일상적인 여행을 만끽하며 가혹한 현실로부터 도피하는 방법이다.**

자세한 방식은 다음 페이지에서 소개하겠지만, 푸른 하늘과 바다가 펼쳐진 휴양지에서 데크 체어에 몸을 맡긴 나를 상상하는 것으로 시작한다. 점심시간 사무실, 목욕 중, 취침 전 휴식시간 등 상상력을 펼칠 수 있는 환경이라면 어디서든 가능하다. 마음이 힘들다거나 스트레스가 쌓였을 때는 마음의 리조트로 나가 보자.

여행은 우울증을 개선하는 데 좋다

여행은 정신적인 부담이 크다고 생각할 수도 있지만, 자극이나 개방감 때문에
정신 증상이 개선되는 사람도 많다.

개방감

자극

강력 추천!

일조량이 많은 곳
햇볕을 쬐면 우울증 개선에 효과적이
다. 그런 점에서 비치, 리조트 등지로
여행해 보기를 권한다.

마음속으로 하는 '한여름 휴양법'

여행을 떠나기 어려운 경우에는 마음속으로 상상하는 것만으로도 재충전이 된다.
전철 안, 목욕 중, 취침 전 등 언제, 어디서나 가능하다.

한여름 휴양법의 이미지 순서

1 푸른 하늘과 투명한 바다로 둘러싸인 아름다운 해변에
서 부드러운 데크 체어에 편안하게 누워 쏟아지는 햇볕
을 쬐고 있는 자신을 상상해 보자. 손과 발이 데크 체어
에 점점 깊이 가라앉아 간다(손발이 무겁다).

2 태양이 자신을 부드럽게 비치고 있다(손발이 따뜻하다).

3 여유로운 음악이 흐르고 있다(심장이 조용하게 두근거
린다).

4 아름다운 여자(혹은 남자)가 나타나 큰 부채로 조용히 부
채질을 해 준다(호흡은 편안하게).

5 뜨거운 칵테일을 마시게 해 준다(위가 따뜻하다).

6 이마에 로션을 발라 준다(이마가 시원하다).

7 로션으로 온몸을 마사지해 준다(쾌감과 기쁨, 다시 손발이
무겁다).

마음으로 스트레스 해소, 한여름 휴양법

43 웃으면 행복도가 높아진다

좋은 기분은 모두를 행복하게 하는 최고의 선물

항상 어두운 얼굴을 하고 있거나 불쾌한 듯이 행동하는 사람이 있다. 이런 사람의 주변에는 사람이 모이지 않는다. 부정적인 마음이 주위에 전해져 왠지 무거운 분위기가 감돌기 때문이다.

이와 반대로 미소를 잃지 않는 사람에게는 자연스럽게 사람이 다가온다. 기분이 좋지 않을 때도 그렇지만 기분이 좋을 때도 주위에 영향을 미친다. 프랑스의 위대한 철학자 알랭(Alain)은 그의 명저 『행복론』에서 '인간이 인간에게 줄 수 있는 최대의 선물은 좋은 기분'이라고 말한다. 아기가 미소를 지으면 주변 어른들도 덩달아 웃는다. 그러면 아기는 '아, 모두가 웃고 있다'라며 또 웃는다. 이렇게 웃음과 기분이 연쇄 반응처럼 번지면 그것은 돌고 돌아 당신에게도 돌아온다. 행복하고 싶으면 일단 주위 사람을 행복하게 만들어라. 그러면 당신 자신의 기분이 항상 좋을 것이다.

그렇지만 스트레스를 받으면 좀처럼 웃을 수 없다. 이럴 때는 일단 입꼬리만 올려도 마음이 좀 풀릴 수 있다. 그래도 기분이 바뀌지 않으면 즐거워질 때까지 계속 웃어 보자. '1분 동안 억지로라도 계속 웃으면 정말로 기분이 좋아진다'라는 사실은 실험에서도 입증됐다. 불평불만을 털어놓기 전에 먼저 웃는 얼굴부터 의식해 보자.

입만이라도 웃어 보자

인간은 미소를 짓는 것만으로도 마음이 편해지므로 불안하거나 긴장이 될 때는 물론, 스트레스를 받을 때도 입만이라도 웃어 보자.

긍정적인 마음이 될 때까지 웃는다

미국 페어리디킨슨대학 심리학과 포레(Faure) 교수가 실시한 실험에서 실험 참가자를 1분간 억지로 웃게 만들자, 1분 후에는 다른 모든 사람도 기분이 좋아졌다.

억지로 웃게 한다 → 1분 후 → 다들 기분이 긍정적으로 바뀐다

웃는 얼굴은 주위에도 전염된다

기분 좋게 웃는 사람을 보고 있으면 보는 사람도 행복해지고, 기분 나쁜 사람을 보고 있으면 보는 사람도 기분이 나빠진다.

웃으면 행복도가 높아진다

스트레스는 비방과 모함으로는 풀리지 않는다

　　최근 몇 년간 인터넷상에서 특정인을 비웃고 조롱하는 댓글이 사회 문제화되고 있다. 이러한 행위를 하는 사람 중에는 스트레스를 받아 무의식적으로 하는 경우도 있을 것이다. 하지만 인터넷으로 타인을 공격해도 시원해지는 건 그 순간뿐이다. 스트레스 자체는 풀리지 않기 때문에 금방 또 짜증을 내고 똑같은 일을 반복한다. 인터넷으로 사람을 공격하는 행동이 음주이나 흡연처럼 중독되는 것이다.

자신의 이름이나 얼굴을 숨길 수 있는 인터넷의 익명성도 이런 댓글 문제를 조장한다. 익명이 되면 사람은 공격적으로 바뀔 수 있다는 실험 결과가 있듯이 신원이 밝혀지지 않는다는 점을 이용해 무책임한 댓글을 달게 된다.

어쨌든 이런 징후를 눈치챘다면 당분간 인터넷의 세계와 거리를 두는 것이 좋다. 우선 인터넷 의존 상황을 바꾸지 않으면 자신도 모르게 타인에게 상처를 줄 가능성도 있다. 우리 모두 주의해야 한다.

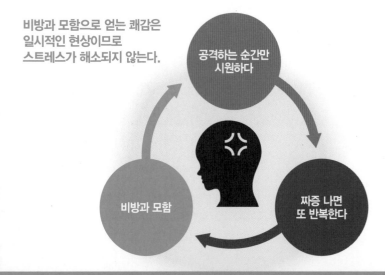

비방과 모함으로 얻는 쾌감은
일시적인 현상이므로
스트레스가 해소되지 않는다.

공격하는 순간만
시원하다

비방과 모함

짜증 나면
또 반복한다

제 **6** 장

스트레스를
쌓아 두지 않는 삶

44 '인생에서 중요한 일'은 전체의 20%에 불과하다

일상생활의 약 80%는 잡다한 일?

어느 시간 관리 전문 교수가 강의 시간에 들려 준 일화이다. 강의실에 들어온 교수가 커다란 항아리 속에 돌을 하나씩 넣기 시작했다. 항아리가 큰 돌로 가득 차자 그가 학생들에게 물었다. "이제 항아리가 가득 찼나요?" 마지막 돌을 힘겹게 끼워 넣는 것을 본 학생들은 당연히 "가득 찼다"라고 대답했다. 그러자 교수는 돌 틈을 메우듯 자갈을 넣기 시작했다. 그러고 나서 모래를 넣고 물을 붓자 겨우 항아리가 채워졌다.

교수가 학생에게 보여 주고 싶었던 것은 항아리에 큰 돌을 가장 먼저 넣지 않으면 영원히 큰 돌을 넣지 못한다는 점이다. 자갈이나 모래를 먼저 채우고 나면 큰 돌이 들어갈 자리가 없기 때문이다. 이를 인생에 비유하면 큰 돌은 사는 데 '소중한 것', 자갈이나 모래는 '사소한 것'이다. 예를 들면 이루고 싶은 꿈, 해 보고 싶은 일을 우선순위로 두고 실천해야 한다는 것이다. 하찮은 것에 정신이 팔리면 큰일을 이룰 기회를 놓친다는 교훈을 준다.

무슨 일부터 먼저 해야 할지 혼란스러울 때 생각해 봐야 할 것은 바로 '파레토의 법칙(80대20 법칙)'이다. 파레토의 법칙은 하는 일의 20% 속에 중요한 80%가 포함돼 있다는 것을 가리킨다. 나머지 80%는 잡다한 일이라서 여기에 에너지를 쏟는 것은 비효율적이라는 것이다.

바쁜 일상에 쫓기다 보면 우선순위도 애매해지게 된다. 해야 할 일을 하다가 스트레스가 쌓일 때 나에게 특화된 돌은 무엇인지 재확인해 보는 건 어떨까?

항아리에는 큰 돌부터 넣는다

① 큰 돌을 넣는다.

② 자갈을 넣는다.

③ 모래를 넣는다.

④ 물을 붓는다.

큰 돌을 먼저 넣는 이유는 돌이나 모래를 먼저 넣으면 돌이 들어가지 않기 때문이다. 잡다한 일에 얽매여 일이나 꿈, 연인 등 자신이 가장 소중히하고 싶은 것을 최우선으로 하지 않으면 좋은 시기를 놓칠 수도 있다.

파레토의 법칙

파레토의 법칙(80대20 법칙)은 비즈니스 용어로, 평상시 업무 중 가장 중요한 건 20%뿐이고 나머지 80%는 잡다한 일이라는 것이다.
80%의 잡다한 일을 전혀 하지 않아도 이익의 80%는 확보할 수 있다.

평소의 일	이익

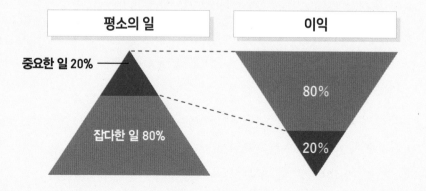

중요한 일 20%

80%

잡다한 일 80%

20%

'인생에서 중요한 일'은 전체의 20%에 불과하다.

45 하루 10초! 마인드풀니스로 자신을 객관화하라

영화를 보듯이 '지금 여기에 있는 자신'을 관찰한다

마음이 우울해질 때 시도해 보기를 권하는 것이 마인드풀니스(Mindfulness, 마음챙김) 명상이다.

마인드풀니스는 지금 자신이 무엇을 하고 있는지, 무엇을 느끼고 있는지를 자각함으로써 마음의 고통을 덜어 주는 인지 요법의 하나이다. 과거나 미래가 아닌 현재의 감정과 생각을 자각하는 데 초점을 맞춤으로써 우울해지는 마음에 제동을 거는 방법이다.

자신에 대해 깨닫는 상태가 마인드풀(Mindful)이고, 마인드풀니스(Mindfulness)는 그 명사형이다. 그리고 자신도 모르는 사이에 시간이 지나는 것처럼 아무 생각이 없는 상태를 '마인드리스(Mindless)'라고 한다.

마인드풀니스 명상을 하는 방법은 매우 간단하다. '텔레비전을 보고 있다', '들떠 있다' 식으로 지금 내 행동이나 기분을 말로 하기만 하면 된다. 말로 상황을 설명하면 보다 객관적으로 자신을 관찰할 수 있다. 영화의 관객처럼 조금 떨어진 곳에서 자신을 보고 있는 느낌으로 말이다. 이때 본 것이나 느낀 것을 바꾸려고 해서는 안 된다. 생각을 부정하거나 비판하지 않고 있는 그대로 관찰하는 것이다.

'또 실패했다. 어떡하지?'라고 고민하는 게 아니라 '실패를 해서 불안하다', '실패를 책망받는 게 두렵다'라고 냉정하게 속마음을 말로 해 본다. 그러면 감정이 정리돼 마음이 좀 편안해질 것이다. 이러한 방법을 습관화하면 출구가 보이지 않는 고뇌도 회피할 수 있을 것이다.

마인드풀과 마인드리스

마인드풀(Mindful)

- 마인드풀(Mindful)의 명사형은 마인드풀니스(Mindfulness)
- 마음에 온힘을 쏟은 결과, 자신에 대해 깨닫고 있는 상태
- 확실히 지금을 의식하고 있는 상태

마인드리스(Mindless)

- 마인드리스(Mindless)의 명사형은 마인드리스니스(Mindlessness)
- 자신의 행동이나 사고를 깨닫지 못한 상태
- 의식하지 않고 있는 사이에 시간이 흘러 있는 상태

마인드풀니스 명상 실천법

마인드풀니스 명상에서 중요한 것은 자신을 관찰하는 일이다. 잘하고 못하고를 판단하지 말고 그저 말로 실행하기만 하면 된다. 하루에 10초 실행하는 것만으로도 충분히 효과가 있다.

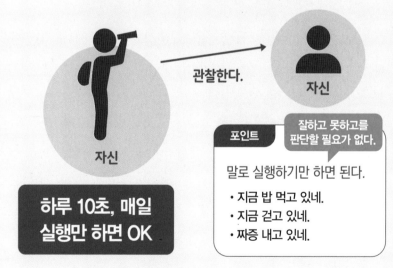

관찰한다.

자신

자신

하루 10초, 매일 실행만 하면 OK

포인트 · 잘하고 못하고를 판단할 필요가 없다.

말로 실행하기만 하면 된다.

- 지금 밥 먹고 있네.
- 지금 걷고 있네.
- 짜증 내고 있네.

46 부정적이어도 좋다! 위기 회피 능력이 더 중요하다

부정적인 이미지는 축소해 생각한다

자기 안에 숨어 있는 부정적인 생각과 마주할 때 '난 왜 이럴까?'라고 고민하는 사람도 많을 것이다. 하지만 원래 인간은 부정적인 사고를 하는 동물이다. 수렵 생활을 하던 시대는 가혹한 자연환경과 동물과의 싸움 등 늘 생명의 위협을 받았다. 이런 상황에서는 항상 최악을 상정할 수 있는 사람이 높은 위기 회피 능력이 있었고 살아남을 확률도 높았다. 즉, 걱정이 많고 겁이 많은 사람일수록 강인하고 생존 능력이 뛰어났다고 할 수 있다.

이러한 우위성이 수만 년 전부터 DNA로 계승됐다. 그러므로 '사람은 부정적인 것이 당연하다', '억지로 긍정적인 척하지 않아도 된다'라고 생각하고 자신감을 갖자.

그렇다고 해서 부정적인 생각에 지배당하는 건 힘든 일이다. 잘 벗어나는 방법도 알아 둬야 한다. 포인트는 떠오르는 부정적인 이미지를 억지로 떨쳐버리려 하지 말아야 한다는 것이다.

강하게 부정할수록 부정적인 생각에 더 사로잡히게 된다. 오히려 불쾌한 기억이나 잊고 싶은 장면을 되새기면서 마음에 떠오른 부정적인 이미지를 축소해 보는 것은 어떨까? 그러면 부정적인 생각이 마음에서 차지하는 비율이 작아지고 그만큼 마음이 편안해질 것이다. 우울한 상상이나 망상이 머리에서 떠나지 않을 때 꼭 시도해 보기 바란다.

부정적인 감정은 인간의 본능

원시 시대에 살아남은 자는 항상 최악을 상정했던 사람이다.
그 본능이 DNA에 새겨진 인간이 부정적인 것은 당연하므로 부정적이어서는 안 된다고
생각할 필요는 없다.

**원시 시대를 사는
사람이 부정적이면….**

무서워….
독이 있을지도….

독버섯

꺼려했기 때문에 살아남았다.

**원시 시대를 사는
사람이 긍정적이면….**

본적은 없지만
먹어 보자! 분명
괜찮을 거야 ~♪

독버섯

식중독으로 사망

부정적인 이미지는 '작게 만든다'

싫은 기억　　　　　　　　　　점점 작아진다

과거의 실패 등 싫은 기억은 억지로 없애려고 할 것이 아니라 그때의
영상을 점점 작게 만들면 마음이 편안해진다.

부정적이어도 좋다! 위기 회피 능력이 더 중요하다!

47 남과 비교함으로써 자신감을 키우는 심리술

자신보다 못하다고 생각하는 상대와 비교해 자신감을 되찾는다

사람들은 무의식중에 자신과 다른 사람을 비교한다. 심리학에서는 이러한 행동을 '사회적 비교 이론'이라고 하는데, 본능적으로 주변 사람들과 비교해 자신이 변하지 않았는지 확인하고 안도한다.

비교는 비교 대상에 따라 '상향 비교'와 '하향 비교'가 있다. 상향 비교란, 자기보다 나은 상대와 비교하는 것이고 하향 비교는 자신보다 못하다고 생각되는 상대와 비교하는 것이다.

자신감이 있는 사람이나 향상심이 왕성한 사람은 무의식적으로 상향 비교를 하는 경향이 있다. 목표하는 사람에게 다가가 보다 자신을 높이고 싶기 때문이다. 하지만 자신과 너무 동떨어진 존재와 비교하다 보면 점점 마음이 우울해질 수 있으므로 동경하는 것과 현실의 선을 긋는 것이 중요하다.

한편 자신감과 향상심이 저하돼 있으면 무의식적으로 하향 비교를 하기 쉽다. 자신보다 못하다고 생각되는 사람을 보고 안심하려고 하기 때문이다.

이러한 심리는 일로 지쳤을 때나 면접처럼 긴장된 상황에 응용할 수 있다. 지친 사람을 보면 그래도 내가 낫다는 생각을 하기 때문에 마음이 가벼워진다. 너무 긴장해서 얼어버린 사람을 보면 나는 저렇게 심하지는 않다고 생각하기 때문에 마음이 편해질 수도 있다. 스트레스를 덜어 내는 데 도움이 되는 심리 기법이므로 알아 두면 좋을 듯하다.

비교에는 두 가지 종류가 있다

상향 비교

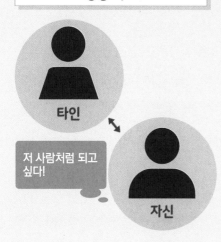

타인

저 사람처럼 되고
싶다!

자신

- 평소 자신보다 낫다고 생각하는 상대와 비교하는 사람은 자신을 높이려는 경향이 있다.
- 너무 위에 있는 사람과 비교하면 기분이 우울해질 수도 있다.

**자신보다 낫다고 생각하는
상대와 비교한다.**

하향 비교

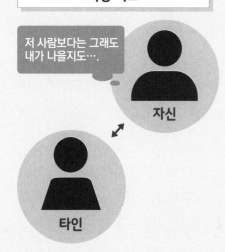

저 사람보다는 그래도
내가 나을지도….

자신

타인

- 평소 자신보다 못하다고 생각하는 상대와 비교하는 사람은 자신감이나 향상심이 저하돼 있어 무의식적으로 마음을 편하게 가지려는 경향이 있다.
- 침울할 때나 긴장했을 때 자신보다 못하다고 생각하는 상대와 비교하면 마음이 안정된다.

**자신보다 못하다고 생각하는
상대와 비교한다.**

남과 비교함으로써 자신감을 키우는 심리술

48 가치관을 명확히 인식해야 스트레스를 이길 수 있다

중요한 세 가지 가치관을 써서 휴대하기

미국 스탠퍼드대학교에서 가치관과 관련해 다음과 같은 실험을 했다. 학생을 A와 B그룹으로 나눈 후 A 그룹에는 '그날의 좋았던 일'에 대한 일기를 쓰게 하고, B 그룹에는 가장 중요하게 여기는 가치관을 생각하게 한 후 그 가치관을 위해 오늘은 무엇을 했는지에 대한 일기를 쓰게 했다.

그 결과, B 그룹은 A 그룹에 비해 몸과 마음의 상태가 모두 좋았고 스트레스에 대한 저항성도 크게 향상됐다. 이 실험 결과는 '가치관을 강하게 인식하기만 해도 중심을 잃지 않고 앞으로 나아갈 수 있다'라는 것을 가르쳐 준다.

당신이 중요하게 생각하는 가치관은 무엇인가? 자신이 어떤 사람인지 알기 위해서라도 가치관을 명확하게 하는 건 의미가 있다. 가능하다면 세 가지, 그것이 어렵다면 한 가지만이라도 정해 두는 것이 좋다. '상냥함', '용기', '신뢰', '집안', '동료' 등 자신이 가장 중요하게 생각하는 것을 종이에 쓰거나 스마트폰의 메모 기능에 기록해 두자. 그리고 마음이 무너질 것 같을 때, 싫은 일이 있을 때 당신이 중요하게 생각하는 가치관을 확인해 보라.

이렇게 자신의 중심에 두고 있는 가치관을 재인식하면 원점으로 되돌아갈 수 있다. 그것이 미혹되는 일 없이 취해야 할 행동의 지침이 돼 주는 것이다. 가치관을 주제로 일기를 쓰는 것도 가치관의 재인식과 정착으로 이어져 더욱 견고한 자신을 구축하는 초석이 된다.

가치관 리스트로 자신의 가치관을 확인해 보자

자신의 가치관을 명확히 인식하면 삶의 중심을 잡는 절대적 기준이 생기기 때문에 스트레스에 강해질 수 있다. 다음 목록에서 가장 중요하게 생각하는 가치관 세 가지를 골라 언제든지 되돌아볼 수 있도록 종이 등에 써서 휴대해 보자.

☐ 동료	☐ 학습	☐ 가족	☐ 평화	☐ 유머	☐ 지혜
☐ 호기심	☐ 인내	☐ 즐거움	☐ 모험	☐ 품위	☐ 금전
☐ 싸움	☐ 운동	☐ 행복	☐ 발견	☐ 성장	☐ 완벽
☐ 윤리	☐ 젊음	☐ 건강	☐ 행동	☐ 동물	☐ 음악
☐ 신앙	☐ 상냥함	☐ 명예	☐ 창조	☐ 신뢰	☐ 아름다움
☐ 우정	☐ 용기	☐ 기쁨	☐ 평등	☐ 강함	☐ 도전
☐ 감사	☐ 열정	☐ 사랑	☐ 자유	☐ 의욕	☐ 책임
☐ 성실	☐ 우수	☐ 자연	☐ 근면	☐ 자립	☐ 균형

마음이 꺾일 것 같을 때 확인하고 마음을 굳게 먹는다.

일기를 써서 가치관을 강하게 인식한다

자신의 가치관에 따라 일기를 쓰면 그것을 강하게 인식하고 앞으로 나아갈 수 있다.

> 가치관이 '감사', '가족', '친절함'인 경우

0월 0일

일이 바빴지만 퇴근 후 가족과 즐거운 시간을 보냈다.
집안일을 도와준 가족에게 감사의 마음을 표현했다.

49 스트레스에서 벗어나기 위해서는 도망쳐도 된다!

반성을 다음 행동에 반영하는 '전략적 철수'가 중요

만약 당신이 스트레스가 계속되는 환경에 놓여 있다면, 나는 여기서 벗어나기를 권한다. 도망친다고 해서 스트레스에게 지는 것이 아니다. 일시적으로 한 발짝 물러나 있는 것뿐이다.

예를 들어 직장이나 학교는 기껏해야 수십 명에서 수백 명 정도의 사람이 모이는 공간이다. 그곳에서 일하거나 공부하는 사람의 수를 전 세계 사람과 비교하면 미미한 숫자에 불과하다. 이런 좁은 사회 속에서 고민하는 것보다 과감히 밖으로 뛰쳐나가면 지금까지 보이지 않았던 세상이 눈앞에 펼쳐질 것이다. 도망치는 것은 자신이 원치 않는 상황에서 벗어나는 용기 있는 행동이다. 때론 '도망치는 용기'도 필요하다.

그런데 도망가는 데 그쳐서는 안 된다. 'A가 안 되면 B로', '여기도 안되면 C로' 식으로 계속 도망치다 보면 이윽고 '어차피 뭘 해도 안 된다'라는 무력감에 빠질 수 있다. 도망칠 때는 여기서 무엇을 배웠는지, 다음에는 어떻게 할 것인지 생각하도록 하자. 반성하며 배워 나가면 그것이 '전략적 철수'가 될 수 있다.

설령 일시적으로 물러서더라도 '이대로는 끝나지 않겠다'라는 마음만은 계속 지켜 나가야 한다. 그러면 그 재능을 마음껏 살릴 수 있는 당신에게 맞는 환경을 찾게 될 것이다.

도망쳐 보면 '세상은 넓다'라는 것을 알게 된다

지금 있는 곳에서 도망치지 못하는 사람은 '여기밖에 있을 곳이 없다'라는 심리에 사로잡혀 있을 때가 많다. 용기 있게 도망쳐 보면
세상은 넓고, 있을 곳은 얼마든지 있다는 것을 알게 될 것이다.

갈 곳이 없어….

아무도 나를 인정해 주지 않아.

세상은 넓다 ~ ♪

117

전략적 철수

괴로운 상황으로부터 도망칠 경우, 계속 도망치는 데 그쳐서는 안 된다.
거기서 무엇을 배웠는지, 다음에는 어떻게 할지 생각하고
승리를 쟁취하기 위한 '기회'로 삼아야 한다.

❶ 여기서 뭘 배웠는가?

- 고압적 태도를 보이는 사람 때문에
  스트레스를 받는다.
- 야근이 많으면 피로가 남는다.

자신과 맞지 않는 회사를
그만 두고 싶다.

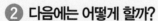

❷ 다음에는 어떻게 할까?

- 가족적인 분위기의 회사를 찾자.
- 야근이 적은 회사를 찾자.

스트레스에서 벗어나기 위해서는 도망쳐도 된다!

50 자기 변혁력을 높여 스트레스를 차단한다

제6장

118

스트레스를 쌓아 두지 않는 삶

상대의 지나친 언동으로 인해 스트레스를 받았을 때 그것을 지적하거나 바로잡으려고 하는 사람이 있다. 그 행위 자체가 잘못된 것은 아니지만, 대부분의 경우 헛수고로 끝난다. 왜냐하면 자신이 아닌 남을 바꾸기는 어렵기 때문이다.

지적받은 상대는 남의 일에 참견하지 말라며 반발할 것이다. 어쩌면 눈 뜨고 볼 수 없을 만큼 행동이 심해질 수도 있다. 그렇게 되면 우리들의 스트레스도 가중될 수밖에 없다.

이런 문제를 해결하려면 '자신의 과제'와 '상대방의 과제'를 분리하는 것이 좋다. 정신과 의사인 알프레드 아들러(Alfred Adler)가 주창한 '아들러 심리학'에는 '과제의 분리'라는 개념이 있다. 즉, '타인의 과제는 타인이 해결해야 하고, 자신의 과제는 스스로 해결해야 하는 것'이므로 타인의 과제에 개입하면 대인 관계에 갈등이 생길 수밖에 없다는 것을 보여 준다.

스트레스의 원인이 되는 상대의 '못된 성격'을 바꾸는 것은 어디까지나 그 사람의 과제이지 자신의 과제가 아니므로 그 문제에 굳이 개입하지 않는 것이 좋다.

오히려 해야 할 일은 '자기 변혁'이다. '쓸데없는 말은 하지 않는' 등 자신의 생각이나 행동을 바꿔나가자. 그것이 상대를 바꾸는 것보다 훨씬 쉽고 에너지나 시간 낭비도 없다.

남의 성격은 바꿀 수 없다

아무리 못되게 구는 사람이 있다 하더라도, 그것은 그 사람의 과제이다. 다른 사람의
성격은 바꿀 수 없으므로 자신과 분리해서 생각하자.

바꿔야 할 건 '자신'

못된 사람을 만났다면 상대가 아니라 자기 자신을 바꿔야 한다.
불쾌한 상태를 벗어나기 위해 자신의 마음 정리나 자기 변혁에 에너지를 쏟자.

자신을 바꾸자!

못된 사람을 만났을 때의 자기 변혁 예

- 필요한 때 이외에는 접근하지 않는다.
- 불쾌한 말을 들어도 상대하지 않는다.
- 한마디로 반론한다.
- 책망할 틈을 주지 않는다.

자기 변혁력을 높여 스트레스를 차단한다

51 부정적인 생각을 긍정적인 생각으로 이끄는 논리적 사고법

불안과 고민 타개책을 제시해 주는 'WOOP 기법'

사람은 누구나 늘 긍정적으로 살기를 원한다. 하지만 늘 좋을 때만 있는 것은 아니다. 불안감에 빠져들면 부정적인 생각이 머릿속을 점령하고 나쁜 상상을 불러일으킨다.

그럴 때는 부정적인 생각을 긍정적인 방향으로 이끌어 주는 'WOOP 기법'을 시험해 보는 것이 어떨까? WOOP란, Wish(바라는 것), Outcome(결과), Obstacle(바라는 것을 방해하는 요인), Plan(문제에 대한 대책)의 머리글자로 만든 논리적 사고법이다.

예를 들어 회사가 언제까지 존속될지 불안하다고 느끼고 있는 회사 대표가 있다고 가정해 보자. 이 고민을 WOOP에 적용시켜 보면 바라는 것(Wish)은 회사의 존속, 결과(Outcome)는 사원의 생활 안정과 회사의 성장, 바라는 것을 방해하는 요인(Obstacle)은 '경영의 악화', 문제에 대한 대책(Plan)은 '경영이 악화됐을 때의 대응책'이 될 것이다. 예를 들어 신규 고객 개척이나 신규 분야에 대한 투자를 미리 해 두면 만일의 경우에도 침착하게 대처할 수 있다.

일 이외에 돈이나 건강, 장래의 일 등도 WOOP로 타개책을 찾을 수 있다. 꼭 활용해 보길 바란다.

부정적인 생각을 받아들이는 'WOOP 기법'

WOOP이란, 네 단어의 머리글자

· Wish	= 바라는 것
· Outcom	= 결과적으로 일어나는 것
· Obstacle	= 바라는 것을 방해하는 요인
· Plan	= 문제에 대한 대책

 자격 시험에 합격하지 못할 수도 있다고 생각하는 사람의 경우

· Wish	자격 시험에 합격하고 싶다.
· Outcome	자격 시험에 합격해야 직장을 옮길 수 있다.
· Obstacle	자격 시험에 불합격
· Plan	계획을 세워 매일 2시간 공부한다.

→ 대책을 세워 두면 불합격할지도 모른다는 불안감이 사라진다.

=

부정적인 방향을
긍정적인 방향으로 전환할 수 있다.

부정적인 생각을 긍정적인 생각으로 이끄는 논리적 사고법

52 인생을 게임으로 여기고 무적 멘탈을 만든다

과제에 몰두해 단계를 통과한다

마음에 그린 꿈이나 목표를 향해 한발 내디디려고 할 때 '정말로 이 길로 가는 게 맞는 건가?' 하는 부정적인 생각에 사로잡히기도 한다. 그럴 때는 결승점으로 향하는 과정을 게임으로 보고 평소와 다른 시점에서 검증해 보는 게 어떨까?

게임을 처음 할 때는 '잘할 수 있을까?', '게임을 하는 의미가 뭐지?'라고 생각하는 사람은 없다. 미션만 생각하고 무심코 플레이를 한다. 중간에 실수를 해도 '나는 안 되나 봐' 하며 심각하게 우울해하는 사람도 없다. 게임 방법을 이해했으면 그대로 이어나간다.

이를 통해 알 수 있는 것은 하고 싶은 일은 어렵게 생각하지 말고 할 수 있는 것부터 편안하게 실행해야 한다는 것, 그리고 잘 안 될 때는 비관하지 말고 여러 번 다시 하면 된다는 것이다. 이렇게 게임과 현실 세계를 겹쳐 보면 어깨 힘을 빼고 편안한 마음으로 행동을 할 수 있지 않을까?

아득한 목표라도 게임 단계를 생각하며 눈앞의 과제에 임하면 된다. 그렇게 하면 세세한 작업(미션)에도 의욕이 생겨 긴장을 풀고 다음 단계로 나아갈 수 있다.

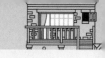

큰 벽도 '게임'을 하는 느낌으로 극복한다

어려움에 직면했을 때는 그 일을 게임으로 생각하고 실패해도 계속 다시 해 보자.
큰 벽에 부딪혀도 '오늘은 이만큼만 해 봐야겠다'라는 식으로 작은 미션을 반복하면
목표에 도달할 수 있을 것이다.

잘 안 될지도 몰라.

오늘은 이 정도만
해 볼까?

실패하면 다시
시작할 거야.

실패를 두려워해 움직일 수
없는 상태

실패한다고 죽는 것도, 절대 돌이킬 수 없는
것도 아니므로 게임처럼 생각하면서 몇 번이
고 도전해 보자.

무엇이든 도전하여 단계를 올린다

하고 싶은 것은 뭐든지 해 보자. 게임에서도 1단계를 마쳐야 2단계로 갈 수 있다.
1단계를 해 봐야 비로소 다음 단계가 나타난다.

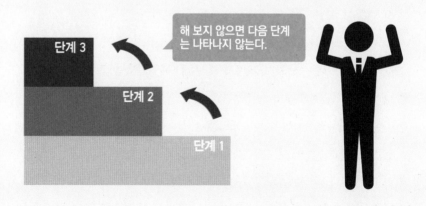

해 보지 않으면 다음 단계
는 나타나지 않는다.

단계 3

단계 2

단계 1

인생을 게임으로 여기고 무적 멘탈을 만든다

53 치과 정기검진하는 마음으로 상담을 받는다

일단 '치료 방침'을 보고 선택한다

정신건강의학과라고 하면 정신병이 있어야 가는 곳이라고 오해하는 사람이 많다. 하지만 실제로는 가벼운 우울증이나 무기력증을 호소하는 사람도 많이 찾아온다. **마음이 불안하면 '얘기나 좀 들어 봐야겠다'라는 마음으로 편안하게 찾아도 되는 곳이 정신건강의학과이다.**

여러분 중에는 정기적으로 치과 검진을 받는 사람도 있을 것이다. 충치나 잇몸 질환을 예방하는 동시에 증상이 악화되기 전에 치료하기 위해서이다. 마음의 병도 이와 마찬가지이다. 증상이 더 심해지기 전에 병원을 찾아야 치료의 선택지도 많고 치료 기간도 더 짧아질 수 있다.

그렇지만 처음 가는 사람은 어느 정신건강의학과를 선택하면 좋을지 망설일 수도 있다. 여기서 정신건강의학과를 선택하는 세 가지 포인트를 소개한다.

첫 번째는 상담 중심, 투약 치료 중심 등 각 병원의 '치료방침'을 확인하고 자신이 원하는 정신건강의학과를 선택하는 것이다.

두 번째는 다른 진료과보다 의사와의 관계가 중요하기 때문에 자신과 잘 맞는지도 고려해야 한다. 일단 진찰을 받고 '안 맞는다'라고 느끼면 다른 병원을 찾는 게 나을 수도 있다.

세 번째는 입소문 난 정신건강의학과를 찾아가고 싶다면 인터넷에 올라와 있는 리뷰나 평가는 참고만 하는 것이 좋다는 것이다. 정신과와 정신건강의학과 둘다 표방하고 있는 의료 기관이라면 좀 더 안심할 수 있다.

마음 치료는 '치과 진료' 느낌으로

충치나 잇몸 질환을 예방하는 동시에 증상이 악화되기 전에 치료하기 위해 치과를 정기적으로 찾아 검진을 받는 사람도 많다. 마음 건강도 마찬가지로 조기 검진을 하는 것이 좋다. 증상이 심해지기 전에 가야 치료의 선택지가 많고 치료 기간도 짧아진다.

2019년에 후생노동성(국내의 보건복지부)이 발표한 '2017년 주요 질병의 환자수'에 따르면 조울증을 포함한 정신장애 환자 수는 127만 6,000명이다. 천식이 약 111만 명이고, 골절이 약 67만 명인데 이에 비하면 우울증 환자가 소수가 아니라는 것을 알 수 있다.

정신건강의학과 선택은 세 가지 포인트를 확인한다

① 치료 방침

② 의사와 잘 맞는지 확인한다

③ 사람들의 평가는 신경 쓰지 않는다

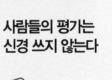

환자의 말을 듣는 등 상담을 중시하는 클리닉, 투약 치료를 중심으로 하는 클리닉 등 방법은 다양하므로 자신이 원하는 쪽인지 확인한다.

정신건강의학과는 의사와의 관계가 비교적 중요하기 때문에 일단 진찰을 받고 맞지 않으면 병원을 옮겨도 된다.

각종 입소문 사이트에 올려 있는 정신건강의학과는 전체적으로 평가가 낮은 경우가 많다. 리뷰나 평가는 참고만 하는 것이 좋다.

이 책을 다 읽은 사람이라면 스트레스가 나쁜 것만은 아니라는 걸 알았을 것이다.

스트레스는 몸에 해롭다고 하는 생각이 세상에 너무 침투해 있기 때문에 '스트레스가 없어야 행복하다'라는 인식이 아직도 뿌리 깊게 남아 있다. 독자 여러분도 이 책을 읽기 전까지는 그렇게 느낀 사람이 많을 것이다.

최근 연구나 조사 결과 스트레스가 우리에게 긍정적인 영향을 미치기도 한다고 생각하는 사람은 인생을 즐기며 오래 사는 것으로 알려져 있다.

세계 121개국에서 1,000만 명 이상을 대상으로 한 조사에서도 매일 스트레스를 받는 사람일수록 수명이 길고, 행복도도 높게 나타났다.

즉, 스트레스를 받으면서도 그것을 긍정적으로 받아들이는 사람이 행복하다는 것이다. 그것은 사람에 따라 삶의 보람일 수도 있고 어떤 목표나 꿈일 수도 있다. 당신이 평소에 느끼고 있는 스트레스도 어쩌면 당신을 움직이게 하는 원동력이나 정열의 근원인지도 모른다.

나는 여러분이 '스트레스 = 나쁜 것'라고 하는 선입관을 버리고 인생의 좋은 경험으로 활용하기를 바라는 마음으로 이 책을 썼다. 스트레스가 삶에 타격을 준다면 피해야 하지만, 타격이 없는 스트레스라면 마음의 에너지로 유용하게 쓸 필요가 있기 때문이다.

스트레스는 없애는 것이 아니라 잘 이용하는 편이 현명한 선택이다. 자기 편으로 만드는 것이야말로 최고의 스트레스 대처법이 아닐까?

만약, 그래도 마음이 비명을 지르는 일이 생긴다면 그때는 정신건강의학과의 도움을 받기를 바란다.

정신과 의사
유키 유

잠 못들 정도로 재미있는 이야기

스트레스

2023. 5. 10. 초 판 1쇄 발행
2024. 5. 29. 초 판 2쇄 발행

감 수 | 유키 유
감 역 | 이명훈, 황미니
옮긴이 | 김선숙
펴낸이 | 이종춘
펴낸곳 | BM (주)도서출판 성안당

주소 | 04032 서울시 마포구 양화로 127 첨단빌딩 3층(출판기획 R&D 센터)
      | 10881 경기도 파주시 문발로 112 파주 출판 문화도시(제작 및 물류)

전화 | 02) 3142-0036
      | 031) 950-6300

팩스 | 031) 955-0510
등록 | 1973. 2. 1. 제406-2005-000046호
출판사 홈페이지 | www.cyber.co.kr
ISBN | 978-89-315-5829-6 (04080)
        978-89-315-8889-7 (세트)
정가 | 9,800원

이 책을 만든 사람들
책임 | 최옥현
진행 | 김해영
교정 · 교열 | 안종군
본문 디자인 | 이대범
표지 디자인 | 박원석
홍보 | 김계항, 임진성, 김주승
국제부 | 이선민, 조혜란
마케팅 | 구본철, 차정욱, 오영일, 나진호, 강호묵
마케팅 지원 | 장상범
제작 | 김유석

www.cyber.co.kr
성안당 Web 사이트